JN297227

企業社会関係資本と市場評価

―不祥事企業分析アプローチ―

北海道大学大学院メディア・コミュニケーション研究院准教授
北見　幸一

学　文　社

は し が き

　近年，様々な企業不祥事が頻発しているが，不祥事は企業と社会の関係を崩壊させるものであり，不祥事が発生し，窮地に追い込まれた時に，企業は社会との間にある「信頼」の重要さを認識することとなる。社会との信頼関係は，すぐに回復できるものではなく，回復には相当な時間とコストが必要となるのである。企業が社会の中で価値をもつのは，ステークホルダーとの「信頼」などの持続的な関係性が極めて重要である。経営者はそのことを十分に認識しなければならない。

　そもそも企業は社会の構成要素の一部であり，現代社会にとって企業が存在しなければ豊かさを共有することはできないであろう。また，企業の社会に対する影響力はますます増大しており，企業行動が家計にも大きな影響を与えている存在である。反対に，企業も自社の組織だけでは成立することができない存在でもある。企業は社会における様々なステークホルダー（利害関係者）との関係を調整し成立しているのである（Freeman, 1984）。

　企業と社会の関係が良好であることは，伝統的な経済学理論では所与であった。これまで企業と社会との関係性について触れられることは余り多くないと言ってよいであろう。企業と社会の関係性に注目を当てた研究に，社会学分野で先行している社会関係資本（Social Capital）の研究がある。本書では社会関係資本の考え方を援用し，議論を進めていきたい。

　社会関係資本は，信頼，規範，ネットワークに基盤をおいた持続的な関係性（きずな，つながり）が，経済を効率的に活性化させる重要な要素であるとの認識の下で展開されている（Bourdieu, 1986；Putnam, 1993；Woolcock, 1998；etc.）。社会関係資本は，社会学，政治学，人類学，経済学，経営学など様々な学際的分野で注目されているが，「資本」という言葉が表すように社会関係資本は資本として表現されている。

　これまでの経営学分野における，見えざる資本（無形資産・知的資本）に関す

る研究において，顧客，従業員などを含めてステークホルダーとの関係性が重要であることはそれぞれの先行研究で触れられていても，その関係性自体を資本として中心的に取り上げられることはほとんどなかった。信頼，規範，ネットワークの構築はビジネスを行う上で当然のことであるため，当たり前のものとして見落されていた部分である。

しかし，今日，様々な企業における不祥事により，今一度，社会との持続的関係性が重要であることを再認識させられている。企業の社会的責任（CSR）論の隆盛なども社会との持続的関係性が重要になっていることを示しているのであろう。

そこで，本書では，社会関係資本を概観し，企業資本における見えざる資本として先行研究の蓄積がある知的資本，ブランド資本等について社会関係資本との整理およびフレームワークの構築を行う。そして，企業と社会との持続的関係性に焦点を当て，社会関係資本の市場の評価を測定することに挑戦している。本書の目的は，企業不祥事の情報による株式市場の反応を検証することにより，社会関係資本の毀損の影響を測定し，企業資本における社会関係資本の評価について考察することである。

企業における社会関係資本を「資本」と位置づければ，株式市場の参加者も企業の社会関係資本を何らか評価し，企業価値に影響を与えていることになる。しかし，市場参加者の企業評価から，社会関係資本の影響部分だけを峻別することは困難を伴うであろう。市場参加者は，企業評価を行うために市場に流れる様々な情報を収集分析し評価を下すのである。

そもそも見えざる資本の内容は多様であり，説明できないあらゆる価値要因を包含する漠然としたものである。研究開発投資のみではなく，効率的な生産・販売システムや意思決定システム，過去の営業努力によって形成された暖簾，信頼されるコーポレート・ガバナンスなど，多様で複雑な経営意思決定の結果を評価するものである。それは経営そのものの評価であるといえよう。

しかしながら，企業不祥事が，社会との持続的関係性を崩壊させる情報であると考えれば，企業不祥事によって生じる株式市場の負の反応を測定すること

で社会関係資本の毀損を確かめることが可能となる。社会関係資本の影響を検証することができるはずである。

本書では，社会関係資本に関係する不祥事の情報を分類し，イベントスタディ法により不祥事による株式市場の反応を測定する実証研究を試みている。このような形で社会関係資本に焦点を当てた実証研究はこれまでに存在しないものであり，社会関係資本を企業資本概念の中に位置づけて評価する試みを支援するはずである。

本書は不祥事企業のイベントスタディを中心に扱うため，不祥事を起こさないための経営管理であるリスク・マネジメントというよりは，むしろ危機が発生した事後対応の経営管理であるクライシス・マネジメントに議論の焦点が当てられることになる。これまでのクライシス・マネジメント研究は，Mitroff (2001) や Watkins & Bazerman (2003) のように事例研究がその中心であり，定量的な分析を行っているものはあまり多くはなかった。ビジネスの世界では研究よりも実務の方が先行してクライシス・マネジメントに関する知見が蓄積されてきたと言ってよいであろう。

本書により，持続可能な企業の発展に資するクライシス・マネジメントを含めた経営管理に示唆を与え，企業レベルでの社会関係資本に関する研究を活性化することに貢献できれば幸いである。

本書の構成は，次の通りである。第1章では，本書の背景として，社会学分野で進展している社会関係資本を概観し，社会関係資本とはいかなる資本であるのかを確認する。その上で類似する人的資本・知的資本などを分析し，企業資本における社会関係資本のフレームワークについて考察・整理する。

第2章では，企業において社会関係資本を構築することの意義・役割を検討し，社会関係資本とレピュテーション（評判）の関係，そしてその先にストックされるブランド資本との関係を整理する。市場の評価は，最終的に経営者の評判であり，それは経営そのものの評価でもある。ここではさらに，市場参加者が収集する情報のうち，社会関係資本に関係する情報とはいかなるものなのか，組織の行動情報と組織が提供する財・サービスの属性情報について検討が

加えられることとなる。

　第3章では，前章までの議論を受けて，不祥事企業を対象にイベントスタディによる実証研究を行い，毀損された社会関係資本の測定を試みる。これにより実際にどのような不祥事に関する情報が株式市場に影響を与えるのかを測定し分析を行う。分析の結果として，社会関係資本と深い関係にある行動情報を市場は評価していることが明らかとなり，長期的には社会関係資本の構築・維持は，企業にとって非常に重要なことであることが示唆された。

　第4章以降では実際の不祥事に関するケース・スタディを用いて，数値的な分析だけではなく，企業不祥事の際に起こった事象を詳述し，分析を加えた。これにより社会関係資本の重要性をさらに把握できるはずである。

　第4章では2000年の雪印乳業の集団食中毒事件，第5章では2005年の松下電器産業FF式石油温風器一酸化炭素中毒事故をケース・スタディとして取り上げる。両者のケース分析により，特に，不祥事に対する市場参加者の評価は，非常に変化しやすいものであり，気がつかないうちに暗黙的規範を逸脱し，社会関係資本が毀損される場合があることが示される。企業不祥事の詳細なケースで分析することで社会関係資本の市場の評価についての具体的な示唆を得ることになる。最後の第6章は，研究全体を総括し，含意と課題を述べて本書を締めくくる。

　本書は，立教大学大学院経済学研究科に提出した博士学位論文「企業資本における社会関係資本に関する市場の評価－不祥事企業のイベントスタディを中心に－」をベースにして加筆・修正したものである。本書を執筆するにあたり多くの方々にお世話になった。ここに謝辞を記したい。

　指導教授として暖かく，時には厳しく熱心にご指導いただいた立教大学の亀川雅人教授には，感謝の言葉でいっぱいである。先生には修士時代から多くのご指導をいただいた。経営学について右も左も分からぬ状態の筆者を導いていただいた。先生のおかげで有用な研究者生活を始めることができたように思う。また，今後の人生の生き方についても多大なる影響を受けた。改めて深い感謝と御礼を申し上げたい。

本書の作成にあたり，立教大学の諸先生方にも御礼を申し上げる。個別に指導をいただいた青淵正幸准教授，そして，予備審査等で有益な示唆をいただいた林倬史教授，鈴木秀一教授，高岡美佳教授，山中伸彦准教授に感謝を申し上げる。また，原稿執筆に際し，最高の研究環境を提供していただいている現職場の北海道大学大学院メディア・コミュニケーション研究院の諸先生方にも感謝を申し上げたい。特に，常日頃からご指導いただき，また論文について助言をいただいた北海道大学の小早川護名誉教授，宮部潤一郎教授，伊藤直哉准教授には大変感謝を申し上げたい。

最後に，昨今の出版事情も非常に厳しいおり，まだ駆け出しであり，無名の筆者に，本書の出版の機会を与えていただいた学文社の田中千津子社長に感謝申し上げたい。

なお本書の内容の一部は，平成18年度（第40次）財団法人吉田秀雄記念事業財団研究助成による研究成果によるものであり，資金面で助成をいただいた吉田秀雄記念事業財団にもこの場を借りて謝意を表したい。

2009年秋
北見　幸一

目　次

はしがき　i

第1章　社会関係資本と企業資本　1

第1節　社会関係資本（Social Capital）の基本概念　1
第2節　信頼，規範，ネットワーク　6
　2.1．信頼　6
　2.2．規範・ネットワーク　11
第3節　企業における社会関係資本の射程　13
　3.1．社会関係資本の分類と企業での活用　13
　3.2．社会とステークホルダー　16
第4節　社会関係資本と資本概念　21
　4.1．社会関係資本による効率性　21
　4.2．社会関係資本と効用　25
　4.3．資本概念における社会関係資本　32
第5節　社会関係資本と企業資本　34
　5.1．知的資本概念における社会関係資本　34
　5.2．企業資本における社会関係資本の評価フレームワーク　39
第6節　まとめ　44

第2章　企業の社会関係資本と市場の評価　50

第1節　レピュテーションと社会関係資本　51
　1.1．企業におけるレピュテーション　51
　1.2．ブランドストックとフローとしてのレピュテーション　52
　1.3．企業の社会関係資本の役割とブランド資本　56
第2節　社会関係資本と市場の評価　59
　2.1．情報と市場の関係　59
　2.2．市場評価における経営者の行動と社会関係資本　62
　2.3．社会関係資本評価の限界　65

第3節　まとめ　66

第3章　不祥事と市場の反応　70

第1節　不祥事と株価に関する先行研究　70

1．1．企業不祥事と株価　70

第2節　研究方法と仮説設定　72

2．1．研究方法　72

2．2．不祥事の分類と社会関係資本との関係　73

第3節　データと分析方法　76

3．1．イベントの選択　76

3．2．株価と市場のポートフォリオデータの選択　76

3．3．モデルの選択　79

第4節　内容別不祥事のイベントスタディ分析　81

4．1．推定結果と分析　81

4．2．インプリケーション　85

第5節　要因・影響別不祥事のイベントスタディ分析　85

5．1．推定結果と分析　85

5．2．インプリケーション　90

第6節　経営者の引責辞任と株式市場の反応　91

6．1．分析データ　92

6．2．引責辞任企業の推計結果と分析　93

6．3．辞任時期による推計結果と分析　96

第7節　イベントスタディからのインプリケーション　99

第4章　ケース・スタディ①（雪印乳業）　102

第1節　分析の限界とケース・スタディ　102

第2節　雪印乳業集団食中毒事件の概要　104

第3節　緊急時における情報と株式市場の反応　108

3．1．第1通報から最初の記者会見までの対応の遅れ　108

3．2．事実情報の混乱　　111

　　3．3．経営陣による不用意な発言　　113

　　3．4．不祥事と株式市場の反応　　115

　第4節　信頼修復時の情報と株式市場の反応　　117

　　4．1．安全宣言と新社長就任による再起　　117

　　4．2．新社長就任による再起と株式市場の反応　　118

　　4．3．事件の後遺症と再建にむけて　　119

　第5節　まとめ　　124

第5章　ケース・スタディ②（松下電器産業）　128

　第1節　松下電器産業FF式温風機一酸化炭素中毒事故の概要　　128

　第2節　　事故発生と株式市場の反応　　131

　　2．1．事故発生とリコール　　131

　　2．2．事故公表後の株式市場の反応　　132

　　2．3．二人目の死亡事故の発生　　134

　　2．4．二人目の死亡事故後の株式市場の反応　　137

　第3節　　信頼回復活動と株式市場の反応　　139

　　3．1．クライシスコミュニケーション　　139

　　3．2．一般消費者による企業評価の変化　　140

　　3．3．クライシスコミュニケーションと株式市場の反応　　143

　第4節　まとめ　　145

第6章　総括　151

　第1節　要　　約　　151

　第2節　主要結論　　154

　第3節　含　　意　　156

　第4節　課題と展望　　158

　　〈参考文献〉　161

図表目次

図1-1 信頼についての概念的整理図　9
図1-2 社会関係資本の分類　14
図1-3 ポスト・ステークホルダーモデル　20
図1-4 企業資本の評価フレームワーク　41
図2-1 企業資本とブランド資本　57
図3-1 企業不祥事の要因・影響別分類　74
図3-2 不祥事内容別　平均累積異常収益率（ACAR）の推移（$t-20 - t+20$）　83
図3-3 要因・影響別　平均累積異常収益率（ACAR）の推移（$t-20 - t+20$）　88
図3-4 要因・影響別　平均累積異常収益率（ACAR）の推移（$t-20 - t+40$）　88
図3-5 辞任企業の平均累積異常収益率（ACAR）の推移（$t-10 - t+40$）　95
図3-6 辞任表明までに短期間の企業群のACAR推移（$t-10 - t+40$）　98
図3-7 辞任表明までに長期間の企業群のACAR推移（$t-10 - t+40$）　98
図4-1 不祥事発覚日をイベント日とした雪印乳業のCARの推移（$t-20 - t+20$）　116
図4-2 新社長就任会見をイベント日としたCARの推移（$t-20 - t+20$）　120
図5-1 事件公表をイベントとしたCARの推移（$t-20 - t+20$）　133
図5-2 松下の主要ドメイン体制　135
図5-3 二人目の死亡事故をイベントとしたCARの推移（$t-20 - t+20$）　138
図5-4 クライシスコミュニケーションによる総合企業評価の変化　141
図5-5 告知広告実施後の記者会見をイベントとしたCARの推移（$t-20 - t+20$）　144

表1-1 囚人のジレンマの利得行列　22
表3-1 企業不祥事のデータ　77
表3-2 不祥事内容別　平均異常収益率（AAR）と平均累積異常収益率（ACAR）（$t-20 - t+20$）　82
表3-3 要因・影響別　平均異常収益率（AAR）と平均累積異常収益率（ACAR）（$t-20 - t+20$）　86

表3-4	要因・影響別 イベント期間と平均累積異常収益率（ACAR）	90
表3-5	経営者の引責辞任企業	92
表3-6	辞任企業の平均異常収益率（AAR）と平均累積異常収益率（ACAR）（t-10 – t+40）	94
表3-7	辞任時期別 平均異常収益率（AAR）と平均累積異常収益率（ACAR）（t-10 – t+40）	97
表4-1	雪印乳業集団食中毒事件の主な経過	105
表4-2	第1通報から記者会見までの流れ	108
表4-3	不祥事発覚日をイベント日とした雪印乳業のARとCAR（t-20 – t+20）	116
表4-4	新社長就任会見日をイベント日としたARとCAR（t-20 – t+20）	120
表5-1	松下電器産業・FF式石油温風機一酸化炭素中毒事故の主な経過	129
表5-2	事故公表をイベントとしたARとCAR（t-20 – t+20）	133
表5-3	二人目の死亡事故をイベントとしたARとCAR（t-20 – t+20）	138
表5-4	松下電器産業の主なクライシスコミュニケーション内容	140
表5-5	総合企業評価との相関分析	142
表5-6	告知広告実施後の記者会見をイベントとしたARとCAR（t-20 – t+20）	144

第 1 章　社会関係資本と企業資本

　資本主義経済の発展には資本の蓄積が欠かせない。ステークホルダーとの関係性により蓄積される無形ストックに類似する概念は，社会学を中心に広く用いられている社会関係資本 (Social Capital) と呼ばれる資本概念が存在する。社会関係資本は経済活動において所与とされる目には見えない資本ストックである。

　本研究では市場における企業社会関係資本の評価について考察を試みるが，その前提として本章では社会関係資本 (Social Capital) の概念について概観し，資本ストックとしての社会関係資本の役割について整理を行いたい。

第1節　社会関係資本 (Social Capital) の基本概念

　先行研究において企業資本における社会関係資本の評価について正面から研究がなされたものはあまり多くない。社会関係資本については，IT業界の統一基準作りに関する信頼関係の構築の重要性 (Gawer & Cusumano, 2002) や，企業間関係における一定以上の信頼関係の必要性を指摘した研究 (Andaleeb, 1992) などがある。

　また，企業間ネットワークといった社会関係資本に類する企業間関係に焦点を当てた研究 (若林，2002など) や，組織内部における文化共有による信頼形成 (Child & Faulkner, 1998) および，知識・価値観の共有による信頼形成 (Sako, 1991) に関する研究や，組織内部における知識創造に焦点を当てた研究 (石塚，2006など) のように，企業間関係や知識創造経営に関する研究が，少ない先行研究の中でも多数を占めている。

その他でも，Wiedmann & Hennings (2006) のように社会関係資本と企業評判の関係を研究したものや，社会ネットワーク分析の観点から社会関係資本を論じた金光 (2003) の研究や，マクロ的な社会環境分析から政策として企業経営と社会関係資本を論じた稲葉 (2007) の研究などがある。いずれも企業経営における社会関係資本の重要性について論じているが，企業資本における社会関係資本の評価について包括的に論じたものではない。

類似する人的資本や知的資本に関する研究では，企業資本において人的資本や知的資本をその構成要素に明確に位置づけた上で，企業評価について研究されているものが存在する (Edvinsson & Malone, 1997；Stewart, 2001；Sullivan, 2000；刈屋，2005など) が，社会関係資本を明示しているものは今のところ存在しない。

企業資本における社会関係資本を考察するために，まずは本節では，社会関係資本がどのような学術領域の文脈で使用され，また理論的に発展してきたかを整理しつつ，社会関係資本とはいかなるものなのかを確認しておこう。

社会関係資本は，社会学分野にその源流をおく概念であるが，近年，社会学から政治学，経済学，経営学などの幅広い分野で研究が進展しつつある。社会関係資本は，そもそも英語の Social Capital の訳語である。佐藤 (2003) が指摘しているように，研究者により Social Capital は，「社会資本」(フクヤマ, 1996)，「社会的資本」(農林中金総合研究所編，2002)，「関係資本」(山岸, 1999)，「人間関係資本」(国際協力事業団, 2002)，「ソーシャル・キャピタル」(稲葉・松山編，2002) などのように様々に訳出されている。日本において社会資本と言えば，一般的に橋や道路などの社会インフラを意味することが通例であり，言葉上の混乱を招いている。本研究では Social Capital の訳語として，研究者の間で比較的多数用いられている社会関係資本を使用し，社会インフラの意味で用いられる社会資本とは区別したい。

社会関係資本自体の歴史はまだ若く，1900年代に入ってから導入された概念である。アメリカのウエストヴァージニア州の農村学校の指導主事である Hanifan (1916) の論文「The Rural School Community Center」の中で，Social

Capital（社会関係資本）という言葉が使用されたことが原点であるとされている。人々の善意，相互の共感，帰属意識，絆といった日常生活に必要不可欠なものを社会関係資本として捉え，農村部コミュニティの発展には社会関係資本が重要であると述べている。

その後，Hanifan (1916) が提唱した社会関係資本は Jacobs (1965)，Loury (1977)，Coleman (1988) などにも影響を与え，地域のコミュニティ形成論から，個人の行動に着目した社会科学全般にまで広くその概念は援用されている。

それゆえに社会関係資本は，研究者の間でも様々な定義が存在し，例えば次のようなものがある。Bourdieu (1986) によれば「ソーシャル・キャピタルとは，多かれ少なかれ制度化された相互に認識し，認め合う持続的なネットワークを所有すること，言い換えれば，集団のメンバーシップに結びつくような現実的で潜在的な資源の総称であり，そのメンバーシップは，相互のメンバーに，様々な意味で信頼を付与する資格証明書のような集団全体が所有する資本によって支援されるものである。」(Bourdieu, 1986, p. 249) であり，Putnam (1993) は，「協調的行動を容易にすることにより社会の効率を改善しうる信頼，規範，ネットワークなどの社会的仕組みの特徴」(Putnam, 1993, 邦訳 2001, p. 206) と定義している。[1]

このように社会関係資本の定義は実に様々なものであるが，信頼 (trust)，規範 (normative)，ネットワーク (network) などといった概念が，社会関係資本の基本的な中核概念となっている。社会関係資本の議論において，最も影響を与えたのは，アメリカの社会学者でハーバード大学教授の Robert D. Putnam であり，彼の議論を概観することは有益なことである。

Putnam は，社会関係資本を社会基盤の構造における信頼・規範・ネットワークとして捉えた。その基礎となったものが，Putnam が 1993 年に出版した著書 *Making Democratic Work*（邦題：『哲学する民主主義』2001 年）である。Putnam (1993) は，人々の社会関係資本が豊かならば，人々はお互いに信用し自発的に協力するという民主主義のあり方について論じた。[2]

民主主義の機能として，第三者の強制力を働かせて問題の解決を図るよりも，

自発的な市民同士の協力関係を醸成することで解決を図る方が賢明であることを指摘したのである。Putnam (1993) は，イタリアの地方政治について州単位で調査・比較分析を行い，イタリアの北部では住民の満足および民主主義の安定性が高く，南部では住民の満足は低く，民主主義は安定していないという相違点を発見した。イタリア北部では，市民の自発的協力関係が既に構築されており，信頼・規範・ネットワークといった社会関係資本が十分に養成されていることを Putnam (1993) は実証したのである。

このことにより Putnam (1993) は社会関係資本を「協調的行動を容易にすることにより社会の効率を改善しうる信頼，規範，ネットワークなどの社会的仕組みの特徴」(Putnam, 1993, 邦訳 2001, p. 206) と定義している[3]。

市民社会は，ネットワーク，信頼や規範といった社会関係資本の資源により，好スパイラルを描きながら，高い水準の協力，信頼，互酬性，市民的積極参加，集合的充足状態が織りなす社会的均衡に落ち着きながら発展するのである。Putnam (1993)[4] は著書の最後の文章で「社会関係資本の構築は困難であるが，民主主義が上手くいくための重要な鍵となる要素である。」として社会関係資本を位置づけている。その意味でも，民主主義政治の安定，資本主義経済の発展についても，社会関係資本は極めて重要なものである。

2000年に，Putnam が出版した著書，*Bowling Alone-The collapse and Revival of American Community-* (邦題：『孤独なボウリング』2006年) では，「社会関係資本」の衰退について，アメリカ合衆国の各州のマクロデータベースを中心に実証研究を行っている。*Bowling Alone* (邦題：『孤独なボウリング』) というタイトルからはその意味が良く分からないのではあるが，その本の中で，Putnam (2000) は，実証研究のデータを元に，元来アメリカ人がもっていた自発的な市民連帯的活動への参加の程度の高さが失われつつあるという，アメリカの「社会関係資本減退論」を論じている。

ボウリングと社会関係資本にどのような関係があるのか，具体的には次のような事例で説明している。ボウリングをするアメリカ人ボウラーは以前よりも増加しているが，クラブ組織のような仲間内でのリーグボウリング人口は大き

く減少しているという。1980年から1993年までの間に，アメリカのボウリング総人口は10％増加したのに，仲間内でのボウリングは40％も減少していたのである。つまり，一人でボウリングをする人が増えたということである。

この結果から，社会的に重要な変化として，ボウリング場という社会的交流の場が減少したことが示唆されたのであった。つまり，これまではボウリング場という社交場でボウリングを楽しみながら仲間とビールやピザなどを食べながらの交流で生じる会話が，一人ぼっちで行う孤独なボウリングには失われてしまっているのである。一人ぼっちでプレーするボウラー人口の増加は，アメリカの社会関係資本減退論を象徴する代表的事例であるが，その他にも，インフォーマルな社交や訪問の低下，大統領選挙投票率の低下，政治集会参加率の低下などの各種調査データにより，社会関係資本減退の実情を浮かび上がらせた。以前は豊かであったはずの政治的活動・宗教的活動・社会的活動・組合活動への参画などに見られる社会的ネットワーク，互酬性・信頼性の規範といった社会関係資本が，現代では減衰していることを指摘し，アメリカ民主主義社会の未来に警鐘を鳴らしたのである。

Putnamは2つの著作を通じて，社会的ネットワーク，互酬性・信頼性の規範という社会関係資本の重要性を指摘した。社会関係資本は社会的ネットワークやつながりという見えない関係性に価値を見出した資本である。Putnam (2000)では，物的資本や人的資本と比較して，社会関係資本の資本観として，社会関係資本を物的資本，人的資本と同様に資本として捉えている。[5]

社会関係資本は，社会的ネットワークを作りあげ，互酬性や信頼性の規範を蓄積することによって構築される資本ストックなのである。絆やつながりの蓄積による資本が社会関係資本なのであるが，後述するように，社会関係資本は私的財とも公共財ともなりうる特徴をもっている。

就職活動においてよく使われるものはコネクションであろう。就職の先の誰かを知っているということで就職を有利に展開できる可能性がある。Putnam (2000) によれば，コネクションは社会関係資本であって，人的資本ではないと明言している。同様に経済社会学者のBurt, R. も回転式名刺入が膨らんでいる

管理職ほど,昇進が速いと社会関係資本の重要性を指摘している。このような場合の社会関係資本は私的財である。

しかし,Putnam (2000) が論じるように,社会関係資本は同時に外部性を有しており,コミュニティに広く影響するので,コストをかけて"つながり"を生み出した本人のみにすべてが帰するわけではなく,「公共財」ともなりうるのである。つながりの乏しい個人が,つながりに富む社会にいる場合に恩恵を享受することもある。例えば,近所に住む人々が互いの家から目を離さないようにすることで,防犯率が高まっているとすれば,たとえ近所づきあいの悪い人がいたとしても,それだけで利益を得ている。

このように社会関係資本は,個人的側面,集団的側面の両方において,何らかのつながりが価値を生み出す概念なのである。社会的なつながりが何らかの効用を創出することから社会関係資本は資本と考えられている。

第2節　信頼,規範,ネットワーク

2.1. 信頼

社会関係資本は社会的なつながりが価値をもつのであるが,つながりを支えるためには互酬性の規範や信頼という行動ルールが必要である。Putnam (1993) は信頼があると自発的な協力が生み出され,それがさらなる信頼を生み出すと社会関係資本における信頼の役割を論じている。信頼研究には先行研究が蓄積されており,本節では信頼研究を概観しながら議論を進めていきたい。

信頼の定義には様々な定義が存在するが,荒井 (2006) は「AのBに対する信頼とは,Bの表明したことや(表明しない場合は)社会的に倫理的と考えられることをBが行うとAが信じる確率である。[6]」(荒井,2006, p.28) と定義した。また,システム論で著名なドイツの社会学者 Luhmann, N. (1973) は,厳密には定義していないが,「信頼とは,最も広い意味では,自分が抱いている諸々の(他者あるいは社会への)期待をあてにすること」(Luhmann, N., 1973, 邦訳 1990, p.1) と述べ,社会生活上の基本的な事実として「信頼」を位置づけた。

複雑性が増加している人間社会の世界において，複雑性を縮減するメカニズムとして信頼が存在するのである。

また，社会心理学者の山岸(1998)[7]は「信頼は，社会的不確実性が存在しているにも関わらず，相手の（自分に対する感情までも含めた意味での）人間性ゆえに，相手が自分に対してそんなひどいことはしないだろうと考えることである。[8]」と定義している。以上からも分かるように，「信頼」とは将来のことを期待する期待概念の一種である。

山岸は，信頼にかかわる期待を最初に大きく「自然の秩序に対する期待」と「道徳的秩序に対する期待」に分けている。信頼は現実の複雑性の集約による情報処理の単純化によってもたらされるのではなく，より複雑な情報処理によってもたらされるという立場をとっている。「目覚まし時計が6時半にちゃんと鳴ってくれるだろう」というものや，「明日も陽は昇るだろう」といった単純化された「自然の秩序に対する期待」は信頼に含まれない。「道徳的秩序に対する期待」，すなわち「社会的関係の中での他者の意図や行動に対する期待」(山岸，1999, p.12)を対象としている。

山岸は，信頼を「道徳的社会秩序に対する期待」として区別したが，そこにも質的な違いが存在する。違いとして区別されるのは，「能力に対する期待」と「相手の意図に対する期待」である。

前者は，「社会関係や社会制度の中で出会う相手が，役割を遂行する能力をもっているという期待」(山岸，1998, p.35)であり，相手がやると言ったことを実行する能力をもっているかという能力に対する期待である。

一方，後者は，「相互作用の相手が信託された責務と責任を果たすこと，またそのためには，場合によっては自分の利益よりも他者の利益を尊重しなければならないという義務を果たすことに対する期待」(山岸，1998, p.35)であり，やると言ったことをやる気があるかという相手の意図に対する期待ということができる。

医師やパイロットなどの腕前（能力）に対する期待としての信頼と，夫が浮気をしないと信じる際の期待としての信頼の違いである。後者の場合，夫が浮

気をする能力がないことを期待しているのではなく，浮気をする意図があるかないかという意味で，浮気をしない意図に対する期待としての信頼なのである。山岸の議論では，前者の「相手の意図に対する期待」に限って信頼を定義して展開している。

さらに山岸は「相手の意図に対する期待」を，安心（assurance）と，信頼（trust）に区別し，後者だけが信頼と呼ばれるべきものであると提案する。両者の違いを区別するには，社会的不確実性の存在が重要になる。信頼の存在意義は，社会的不確実性が大きいことを前提にしているからである。ここでいう社会的不確実性が存在している状態とは，「相手の意図についての情報が必要とされながら，その情報が不足している状態」（山岸，1998, p.14）である。社会的不確実性を感じない場合に，安心は存在するのである。

山岸が論じるように，安心によって維持されている組織の典型が，鉄の掟の存在するマフィアであろう。このような組織では，組織を裏切ると鉄の掟によって処刑される。ボスは手下に仕事を任せる場合に，手下の人格の崇高さや忠誠心を詮索する必要はなく，手下が組織に尽くしてくれると期待することができる。組織を裏切った人間は直ちに鉄の掟によって処刑されることを明示しておけば，よほどでない限り誰もボスを裏切ろうとはしないのである。ボスは手下を信頼しているのではなく，組織の中に社会的不確実性が存在しないことに安心しているといってよいであろう。

このように安心と信頼を区別するものが社会的不確実性の存在である。裏切られるか否かの確証をもたらす情報が少ない社会的不確実性が存在する中で，相手が自分を搾取しようとする意図をもっていないと期待することが信頼なのである。その上で，このような信頼の中にも人間関係的信頼と人格的信頼があると山岸は分類している。

「人間関係的信頼」は，相手の人格特性を評価して信頼しているのではなく，相手が自分に対してもっている特別な感情や愛情に関する情報を基にして期待する信頼である。　他人にはひどいことをしても，強固な兄弟関係がある場合に，兄弟にはそんなひどいことはしないだろうという期待がこれにあたる。

これに対して，相手の一般的な人格特性としての信頼性を評価する情報に基づいて期待する信頼を「人格的信頼」と呼ぶ。「人格的信頼」には，長い付き合いで直接相手の性格をよく知っていたり，他人から相手の情報を聞き知っていたりという個別の情報を基に期待する「個別的信頼」，医者や弁護士など社会的地位や役割，資格など特定のカテゴリーに属することを知っているというカテゴリー的な情報を基に期待する「カテゴリー的信頼」，特定の相手に対して何の情報ももっていない状況において，他者一般に対して期待する「一般的信頼 (general trust)」が含まれる。このように「信頼」を分類してきたが，これまでの分類を図にしたものが，図 1-1 である。

 期待する信頼の判断を行うための情報に着目して，山岸は「人間関係的信頼」「個別的信頼」「カテゴリー的信頼」を，「情報依存的信頼 (information-based trust)」というように呼び，「一般的信頼」と区別している。

 図 1-1 の破線で囲まれた部分である。「情報依存的信頼」は，相手が自分に対してもっている特別な感情や愛情に関する情報，長年のつきあいなどから得られる本人からの個別の情報，社会的地位や役割，資格などのカテゴリー的な情報といった情報が，本人からもたらされる直接的な情報の場合のみではなく，本人以外から得られる間接的な情報の場合も含めている。つまり，社会的不確

図 1-1 信頼についての概念的整理図

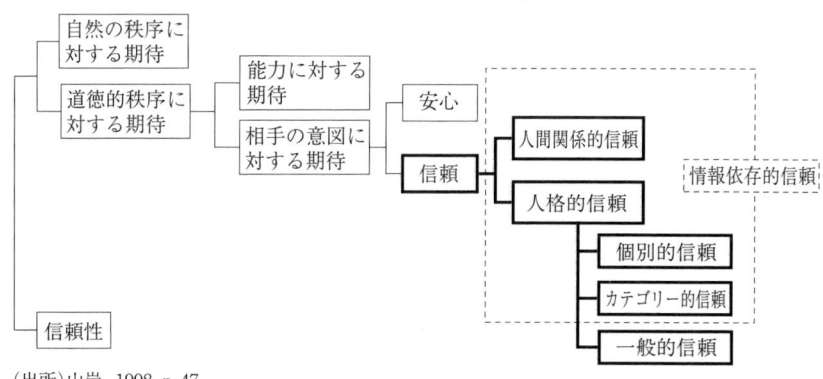

(出所) 山岸, 1998, p. 47

実性が存在する中で，相手を信頼しようと思えば，信頼性を判断できるような情報を得るか，情報が全く無い中でも一般的信頼を高めるしかないのである。

山岸（1998）の中核的な主張は，これまでの日本のコミットメント関係に基づく閉鎖的社会から，機会の有効利用を追求する開かれた社会への移行には，社会的知性に裏打ちされた一般的信頼の育成が必要であるというものである。

しかし，「社会的不確実性と機会コストがともに大きな環境では，相互作用相手の信頼性に関する情報を収集するための認知資源の投資行動が起こりやすく，その結果，他者の信頼性を見抜くのに必要な社会的知性も発達する」（山岸, 1998, p. 180）と述べられているように，注意深く振る舞ったり，相手の信頼性の欠如を示唆する情報に注意を払ったりするなどの行動（認知資源の投資行動）を伴うことにより獲得される。

「一般的信頼」を育成するために相手を判断するような信頼性が必要なのである。要するに，「情報依存的信頼」や「一般的信頼」においても情報は重要な役割を果たすのであろう。Luhmann, N. (1973) も複雑性を縮減する社会メカニズムとしての信頼について，「信頼とは（与えられている量を）超過して引き出された情報（überzogene Information）なのであって，信頼を寄せる者は，確かに十分に詳しく・完全に・信憑性を伴っていないにせよ，しかし，一定の基本的な特徴に関しては事態に通じており，既に一定の情報を得ている，ということが，信頼の基盤なのである。」（Luhmann, N., 1973, 邦訳1990, p. 57）と述べ，情報の役割の重要さを示唆している。

山岸の議論では，信頼が存在する環境として，社会的不確実性や機会コストが大きい環境を想定しているが，それは社会には常に存在する可能性のある環境であり，その環境にいる人間が創り出した環境である。信頼には情報が重要な役割を果たすことを考えれば，情報が溢れるオープン市場型の環境の中で，情報による自分の位置づけを確認し，自分の方に有利な情報が流通するように社会的環境を整えることが求められる。

有利な社会的環境の整備は，本人から発信された情報だけではなく，本人以外の第三者から得られる間接的な情報としての「評判」の役割も大きい。山岸

(1998) も「間接的な情報の中で一番な情報は評判だろう。」(山岸, 1998, p.44) と評判の重要性を示唆している。「評判」の役割については後述することにしたい。

2.2. 規範・ネットワーク

社会関係資本を構築するためには，相互に相手の行動が自分にとって利益をもたらすことを期待する信頼が必要になる。また，信頼を支えるためには，互酬性の社会規範が重要になる。

互酬性の規範には特定的互酬性と一般的互酬性の2種類の規範が存在すると考えられる。Putnam (2000) によれば，前者の「特定的互酬性」は，相互的な交換関係にあり，現時点では不均衡な交換でも将来均衡が取れるであろうとの期待を元にした持続的な協調関係である場合の互酬性である。例えば，オフィスの同僚がクリスマスイベントとしてプレゼントを交換し合うなどがそれに当たる。

後者の「一般的互酬性」とは，特定の個人からの見返りがなくとも，長期的には当事者全員の効用を高めるという連帯の調和に役立つ互酬性である。一般的互酬性は，すぐには見返りが無く，その交換関係の均衡を欠く場合でも，長期的には誰かがきっと途中で何らかの返礼がされるはずであるというある種の期待と関連している。

Putnam (2000) が指摘するように一般的互酬性とは，「直接何かがすぐ返ってくることは期待しないし，あるいはあなたが誰であるかすら知らなくとも，いずれはあなたか誰か他の人がお返しをしてくれることを信じて，今これをあなたのためにしてあげる」(Putnam, 2000, 邦訳 2006, p. 156) ということを指している。

これは前述の山岸の議論に照らせば，相手についての情報が全く無い状況における一般的信頼に基づく互酬性であろう。そもそも互酬性は，信頼が存在しなければ成立しないが，一般的互酬性の規範が根付くためには，山岸 (1998) が指摘するように，社会的知性に裏打ちされた一般的信頼が必要になってくる。

社会的知性は，他者の信頼性を見抜くのに必要な能力であり，社会的知性を高めるためには，相互作用相手の信頼性に関する情報を収集する必要がある。このことからも分かる通り，一般的互酬性の規範をつくるためにも，信頼性を判断させるような情報が欠かせないのである。

一般互酬性の規範は，「社会的交換の密なネットワークにより支えられる」(Putnam, 2000, 邦訳 2006, p.159) ものである。将来協力者となるかも知れない見ず知らずの二者が，緊密なコミュニティのメンバーであったならば，コミュニティで再会する可能性は高まり，また相手の噂や評判を耳にする可能性は高くなることが想定される。だからこそ，その二者の行動は統制され，相手を騙して搾取するようなことはしなくなるのである。緊密なコミュニティは，言い換えれば，ネットワークと言ってよいであろう。ネットワークが存在することにより，一般的互酬性の規範が促進されるのである。

社会関係資本は，社会的なつながりに価値を求める資本である。そして，社会的なつながりがあることは，つまり信頼に値するネットワークが存在するということである。ここでいうネットワークとは単なる接触しているという意味ではない。コミュニティ参加のネットワークは，強固な一般的互酬性の規範を伴ったものでなければならない。一般的互酬性という規範は，社会的交換の繰り返しによるネットワークにより促進されるのである。信頼した相手から弱みにつけ込まれるのではなく，返礼として，その相手から信頼し返されることが確信できることが重要である。そのようなメンバーが多い集団では，交換が生まれやすい。交換が生まれやすいということは，社会的な効率性が高まりやすくなるということである。

このように一般的互酬性を伴うネットワークが交換を促進し，社会的な効率性を高める。ネットワークには，Granovetter (1973) が論じたように，社会関係資本における2つのネットワークのあり方が存在すると考えられる。同質なもの同士が結びつく結束型 (Bonding) と，異質なもの同士を結びつける橋渡し型 (bridging) である。結束型 (Bonding) のネットワークは，強い絆によってそのネットワークは強力に結ばれており，互酬性を安定化させ，連帯を動かして

いくのに都合が良い。しかし，その反面，内部志向的であり排他的，閉鎖的となる場合が多い。例えば，大学の同窓組織などを連想すれば分かりやすいであろう。[10]

　これに対し，橋渡し型 (bridging) のネットワークは，結束力は強くはないが，より開放的，横断的である。外部資源との連携や情報伝播に優れている。例えば災害地のボランティア協力のため，様々な経歴の人々が集うことを想定すれば分かりやすいであろう。Burt (1992) は，このような結束型 (Bonding) ネットワークよりも，橋渡し型 (Bridging) ネットワークの方が対外的に開かれており，異なるグループとの構造的隙間を埋めることができ，パフォーマンスが高いと指摘している。

　Granovetter (1973) が論じるように，職探し等のように自分から情報を詮索する場合には，弱い人間関係でつながっている「弱い紐帯」の方が，自分と異質の人と出会う確率が高くなり，自分と同質的である親族や親密な友人よりも実際には有効であろう。社会関係資本には，規範を伴ったネットワークが重要であり，橋渡し型の社会関係資本は，コミュニティの互酬性を高めることに役立つと考えられる。

第3節　企業における社会関係資本の射程

3.1．社会関係資本の分類と企業での活用

　前節で考察したように信頼，規範，ネットワークをベースとした社会関係資本においては，社会的不確実性の高い状況の中で，社会的知性に裏打ちされた一般的信頼や，一般的互酬性を伴う，社会とのつながりやネットワークが重要であった。

　社会関係資本は埋め込まれる社会構造に影響を受けるのであるが，稲葉 (2007) によれば，社会関係資本を大きく分けると，図1-2のように3つの社会関係資本に分類している。稲葉 (2007) は，最狭義の定義として，個人や企業などの間に存在するネットワークに重心をおいた「私的財としての社会関係資

本」，最広義の定義として，社会全般における信頼・規範という消費の非競合性や排除性を伴う「公共財としての社会関係資本」，さらに，両者の中間の定義として，ネットワークと特定の信頼や規範が結びつくと，特定のメンバーだけでは消費の非競合性をもつ「クラブ財としての社会関係資本」という3つの社会関係資本に分類している。

図1-2は，縦軸をミクロかマクロかという対象の範囲，横軸を構造的なものか価値観等の認識的なものかという性格づけによって，社会関係資本をプロットした図である。「私的財としての社会関係資本」の個人間等のネットワークはミクロ領域のものであり，社会構造的なので左下の第3象限に示される。また，「公共財としての社会関係資本」における社会全般への信頼・規範はマクロ領域であり，人間の心の中で生じる価値観的なものなので，右上の第1象限にプロットされる。「クラブ財としての社会関係資本」は，両者の中間領域のものとして示される。

それぞれの3つの社会関係資本を考察してみよう。「私的財としての社会関

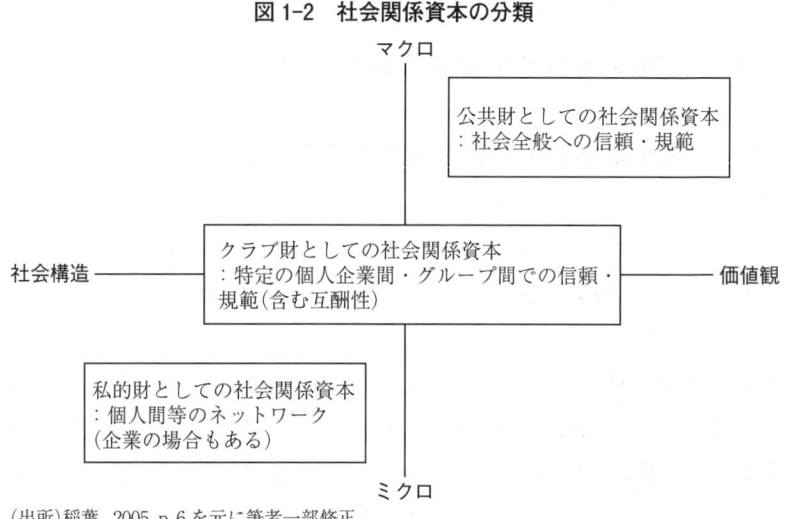

図1-2　社会関係資本の分類

(出所) 稲葉, 2005, p.6 を元に筆者一部修正

係資本」は，社会・人間関係への時間やエネルギーが費やされることにより，橋渡し型（Bridging）のネットワークが形成され，個人の外部にコネ（人脈）という私的財として蓄積される。私的財としての社会関係資本があることにより，例えば，昇進，昇格に有利であったり，評判を高めたり，就職，転職に有利であったりするといった効用をもたらす。「公共財としての社会関係資本」は，前述したように相互扶助の関係や社会的な信頼・規範のつながりを構築することで，社会的な生産性を高めるという効用をもたらす。また，「クラブ財としての社会関係資本」は，特定の集団メンバーへの信頼醸成や深い人間関係の構築により，クラブ財として蓄積される。そのクラブ財は結束型（Bonding）のネットワークにより特定集団を安定的に維持し，連帯を高め，生産性を向上させるなどの効用をもたらすのである。

　このようなミクロとマクロにおける分類は，人間や集団および社会を中心とした場合でなくとも，企業を中心に据えた企業社会関係資本（Corporate Social Capital）を考える場合も同様に捉えることができるであろう。ミクロの領域で企業としての経済活動において，個人的な人的ネットワークが最大限に活用されるケースはよくあるし，マーケティングにおける口コミなどでは「私的財としての社会関係資本」が巧妙に活用されている。

　社会関係資本の経営組織行動への応用を提言しているのは，ミシガン大学ビジネススクールのWayne Baker教授であるが，Baker, W.（2000）は，マーケティングの社会関係資本の活用について次のように述べている。「製品・サービスの認知度を高めるのは広告活動であるが，実際に購入するかどうかは，その製品サービスに関してよその人から聞いたことがきっかけとなることもある。4000以上の実験研究により，ソーシャル・ネットワークが様々な製品やサービスの普及，拡大において顕著な役割を果たしている。―（略）―人から人へと伝わる効果が，事実上の『ただ乗り効果』を生むことから，トップレベルのマーケット担当者たちは，マーケティングのキャンペーンにおいて，系統だった口コミを波及させる工夫を組み込み，ソーシャル・ネットワークの影響力による新製品・新サービスを拡大，既存商品の市場における定着状態の強化を図

っている。」(Baker, W., 2000, 邦訳, 2001, p.22)。企業のマーケティング活動は，経済的交換という市場創造のために社会とのネットワークを構築する活動であり，「私的財としての社会関係資本」を蓄積することになるであろう。

また，一度つながりのできた顧客との関係性を維持・囲い込みを行うようなブランド戦略やマイレージカードのようなネットワーク型のロイヤリティ・プログラムの提供は，「クラブ財としての社会関係資本」を蓄積することにつながるマーケティング活動であるといえよう。マーケティング分野だけではなく，組織の活性や知的資産の創造にも社会関係資本は活用されている。

野中・竹内 (1996) が指摘したように，組織における学習による知識資源や知的資産の創造には，暗黙知から形式知への知識を変換することに伴う知識の共同化や連結化といった知識の共有が必要であるが，知識の共有には「クラブ財としての社会関係資本」が関係している。Baker, W. (2000) も，組織学習における社会関係資本の活用について次のように述べている。「賢明な企業は，知識を習得し，組織のコンピテンスとしてソーシャル・キャピタルの構築を実践している。このような組織文化は，行動，ティーチング，コーチング，メンタリング，よいアイディアの共有化，成功事例の拡大，そして，競争ではなくまわりの人との協力や強調を通じて企業が継続して学ぶことを推し進める力の源泉となっている。」(Baker, W., 2000, 邦訳, 2001, p.22)。

このように企業を中心に据えた社会関係資本 (Corporate Social Capital) を考察すれば，先行研究における「私的財としての社会関係資本」や「クラブ財としての社会関係資本」の両要素が活用されていることが分かる。企業は，これらの社会関係資本を通じて企業価値を高めるように，社会関係資本をストック化していくことが求められているのである。

3.2. 社会とステークホルダー

これまで特に社会については言及せず考察を行ってきたが，社会関係資本における社会をより明確にする必要があるだろう。本研究の対象の中心は企業である。そのため，社会関係資本の考え方を，企業に重心を置いて本研究に援用

する必要がある。その意味でも社会関係資本の射程を明確にし、社会を規定しなければならないであろう。社会における企業の位置づけを考える場合、社会の対象として、様々なステークホルダー（利害関係者）との関係があって企業が存在するというアプローチがある。ステークホルダー・アプローチの考え方である。

　ステークホルダー・アプローチは、Freeman (1984) がステークホルダー概念を世に広めた研究者であるとされるが、Freeman (1984) によれば、ステークホルダーは「企業目的の達成に影響を与える、あるいは影響を受ける、集団もしくは個人である[11]」とされる。非常に抽象的な定義ではあるが、ステークホルダーは一方的な関係ではなく、企業の周辺には、顧客、従業員、株主など様々なステークホルダーが存在し、企業の影響を受けたり、与えたりする双方向的な利害 (stake) 関係が前提となっている。

　森本 (2004) は、CSR論の論拠をステークホルダー・アプローチにより説明しているが、その中で企業とステークホルダーの関係を次のように述べている。「相互に貢献と誘因を提供し合う双方向性のものであり、両者の間には、対等の関係ないし双務的関係がある。言い換えれば、それは共生 (symbiosis association)、それも双利共生 (bilateral symbiosis) の関係である。企業は自己を含むステークホルダー全体の利益を最大にするよう努めなければならないのであり、啓発された自利 (enlightened self-interest) の追求と呼ばれ、そうした存在は、社会的には良き企業市民 (good corporate citizenship) である。」（森本，2004, p.3）。企業とステークホルダーの関係は、「共生」または「双利共生」の関係でなければならないと論じている。

　企業にとってステークホルダーは重要な存在であるし、反対に、ステークホルダーにとっても企業は重要な存在である。そして、ステークホルダーの利益につながる企業行動をとることが、いつか企業自身の利益となって返ってくると期待する共生、双利共生関係なのであると論じているのである。これは前節で論じた一般的互酬性の規範に通じるものであろう。

　また、Freeman (1984) によれば、企業の発展段階とそれに伴う3段階の企

業観にしたがって，ステークホルダーの数が増加し，よりステークホルダーを意識するようになるという。ステークホルダーは企業の発展段階に大きく依存する。企業が経営体として大きくなればなるほど，ステークホルダーという概念がより重要になってくる。

　森本（2004）によれば，設立当初の段階での企業観は，生産企業観（production view of the firm）と呼ばれる。生産企業観に基づくステークホルダーは，プリミティブな企業に多くみられる企業の役割を生産という側面で捉えた場合のステークホルダーである。つまり，そこでは顧客と供給者がステークホルダーとなる。2番目の段階の企業観は，経営者企業観（managerial view of the firm）である。企業が発展し，企業体として大きくなり，所有と経営の分離がなされる際に伴う経営者視点の企業観である。ここでは，顧客，供給者に加え，所有者（株主）と従業員がステークホルダーとしてあげられるようになる。そして，最後の段階では，もっと企業が大きくなって高度に発展し，社会的な影響をもたらすようになると，企業を取り巻くすべてのステークホルダーとの関係によって，企業は存在させられているという考え方をとる。この場合の企業観が，ステークホルダー企業観（stakeholder view of the firm）と呼ばれるものである。ここでのステークホルダーは，これまでに述べてきたステークホルダーに，さらに競合他社，消費者団体（customers advocates），政府，地方行政，環境保護主義者（environmentalists），メディア，特殊利害関係集団（special interest groups）が加えられる。企業が高度に発展すればするほど，数多くのステークホルダーとつながりをもつようになるのである。

　ステークホルダー・アプローチでは，企業を取り巻く社会とは，ステークホルダーの総体であり，企業は多くのステークホルダーと一般的互酬性の規範を伴う双利共生関係を構築することを基礎にして，交換に基づく経済活動を行い，利益を上げることができる。本研究では，コミュニティや地域という意味での社会を対象にするのではなく，あくまでも企業を中心に据えて社会を捉えて議論を進めたい。企業を中心にした場合の社会は，企業を取り巻くステークホルダーの総体であるとして議論を展開していくことにしよう。

しかしながら，社会をステークホルダーの総体として論じていくためには，高岡・谷口 (2003) が論じているように，Freeman が提唱したステークホルダーモデルの有用性として，3つの問題が指摘されていることを踏まえなければならない。

高岡・谷口 (2003) によれば，1つ目の問題点はステークホルダーの「画一性」である。企業にとって共有の機能をもつ主体は，異なる価値観をもっていたとしても同一のステークホルダーグループとしてくくられることになる。

2つ目の問題点はステークホルダー間の「連関性」である。現実には消費者であり，株主であり，地域住民であるといった具合に複数の役割をもつステークホルダーは存在する。ステークホルダーモデルは，その機能が主体として扱われているために，特定の主体が複数の機能をもっていたとしてもそれを捉えることができない。

3つ目の問題点はステークホルダーの「静態性」である。企業側の見方で機能によってステークホルダーをグループ化しているために，企業とステークホルダーとのダイアド関係でしか捉えられていない。ステークホルダー間のつながりが企業に影響を与えることもあるように，主体間のインタラクションにより生まれる企業とステークホルダーとのダイナミクスを捉えることができないのである。その原因には，高岡・谷口 (2003) はステークホルダーの「機能の主体化」があると指摘しており，ステークホルダー間の関係や背後のネットワークを捨象していることの限界を指摘している。

そこで，ステークホルダーモデルの代替案として，高岡・谷口 (2003) は図1-3のような新たなステークホルダーモデルを提案している。このモデルでは機能レベルと主体レベルを明示し，機能に基づく分類でありながら主体的側面が考慮され，企業とステークホルダーのダイアド関係の背後にある主体行為のネットワークを射程にしている。主体レベルでは，企業との機能的な関係に規定されない，もしくはその源泉となる主体レベル（個人）の相互作用が表現されている。

高岡・谷口 (2003) の視点は，ステークホルダーの捉え方に新しい視点をも

たらしている。各ステークホルダーと企業との関係性を考える場合においても，単なる機能的集団としてステークホルダーを捉えるのではなく，その背後にある個々人の行為のネットワークや相互作用を意識してステークホルダーを捉えるという視点が提供されているのである。主体レベルにおいては，個々人の行為のネットワークや相互作用により，社会として構成されていることを忘れてはならない。

先に述べた「私的財としての社会関係資本」を活用して，マーケティングの口コミ戦略に援用する場合も，口コミの主体となるのは，個人のネットワークと相互作用であり，その主体は消費者でもあり，株主でもあり，従業員であるかもしれないのである。金光 (2003) も，コーポレートレベルでの社会関係資本を考えるためには，個人と組織の複雑にネスト化された階層的な社会構造と社会関係資本の相応関係を考慮する必要があると論じている（金光，2003, p.261）。

本研究においては，企業を中心に，企業を取り巻くステークホルダーの総体として社会を位置づけるが，機能としてのステークホルダーの背後には，主体レベルの個々人のネットワークの相互作用が影響していることを踏まえる必要

図1-3　ポスト・ステークホルダーモデル[12)]

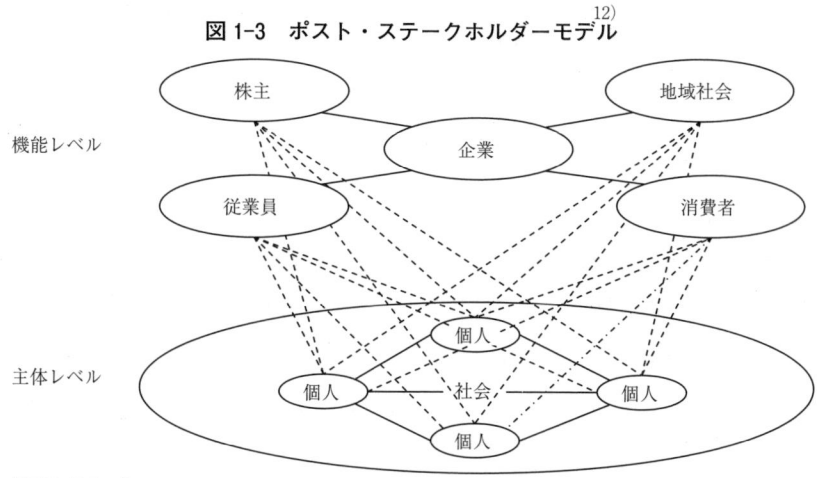

(出所) 髙岡・谷口, 2003, p.21

がある。企業の周辺には、様々なステークホルダーが存在するが、ステークホルダーは広範囲にわたるため、すべてに均一的に対処することは不可能であろう。対処すべき優先順位をつけながらバランス良く対応を図ることが求められる。その優先順位は、経営者の判断に委ねられており、経営者能力の証左であろう。

第4節　社会関係資本と資本概念

4.1.　社会関係資本による効率性

　Putnam (1993) が指摘したように社会関係資本は社会の効率性を高める働きをする。反対に考えてみると、仮に信頼・規範・ネットワークが無ければ、他人を信頼して協力関係を構築しようとせずに、個別の主体が利己的な別々の動きをすることで、全体としては望ましくない結果をもたらすことになってしまうであろう。社会関係資本が無いため社会全体に非効率をもたらす事例として、「囚人のジレンマ (Prisoners' Dilemma)」や「コモンズの悲劇 (Tragety of Commons)[13]」などがある。ここでは「囚人のジレンマ」の事例を使って社会関係資本の重要性を考察してみよう。

　表1-1のような利得行列の数例で「囚人のジレンマ」を考えるために、AとBが取引を行う状況を考える[14]。2人のとる戦略は、「協力する（協力）」か、裏切って「協力しない（非協力）」の2つであり、それぞれの戦略の組み合わせに応じた利得は表1-1の通りである。

　Aの立場で考えてみる。仮にBが協力すると仮定する場合、Aが協力をすれば利得は2となり、非協力であれば利得は4となる。また反対にBが非協力であると仮定する場合、Aが協力すれば−6の損失となり、非協力であれば−3の損失となることが分かる。どちらを仮定した場合でも、Aは非協力である方が結果としては良さそうに思える。同様にBも考えるため、結果的には両者は非協力を選択することになり、ともに−3の損失を被るというのがこのゲームの解である。両者ともに利己的に自分の利益を最大限にすることを

表1-1 囚人のジレンマの利得行列

A \ B	協力	非協力
協力	(2, 2)	(-6, 4)
非協力	(4, -6)	(-3, -3)

(出所) 筆者作成

考えることによって、両者ともに非協力が支配戦略となる。

しかしながら、利得表を見てみれば分かるように、お互いが協力して取引を行えば、両者の利得を2獲得することが可能であった。お互いが強調して行動することによって、このような状況を回避することができ、全体にとっては望ましい結果をもたらす可能性があるにもかかわらず、それに劣る状況に落ち着いてしまうのである。1回限りの取引における「囚人のジレンマ」の状況では両者非協力というナッシュ均衡が成立してしまう。

ジレンマを解決するためには、利己的な行動を改め、他人を信頼し、利他的な互酬性の規範を伴った意思決定を行うことがなければ、協調行動の達成は難しいであろう。つまり、「囚人のジレンマ」ゲームを解決するためには、利己的に自分の利益のみの最大化を考えるのではない、社会関係資本のような概念が必要となってくるのである。

しかし、「囚人のジレンマ」ゲームが無制限に繰り返される状況を想定すると解決の糸口が見えてくる。無制限の繰り返しゲームが想定される場合には、ゲームの解が変わってくる可能性が生まれるのである。同じ表1-1の利得行列を用いて、AとBがずっと無限に「協力」した場合の利得を考えてみる。この場合、無限に2の利得をうることができるが、第2回、第3回の利得は割引率をrとして現在価値に割り引くと、$2r^2$, $2r^3$……となり、次のようになる。

$$2+2r+2r^2+2r^3+\cdots=\frac{2}{1-r} \quad \cdots\cdots ①$$

そして次に，例えば「相手は1回目に協力するが自分は裏切って協力せず，2回目以降は両方ともがずっと協力しない」という場合の利得を考えてみることにする。そうすると，自分の利得は1回だけ4となるが，2回目以降は，相手が信じられなくなり2回目以降は「囚人のジレンマ」状態となり－3の損失となる。利得を現在価値に割り引いた上で合計してみると次のように表すことができる。

$$4-3r-3r^2-3r^3\cdots = 4+\frac{-3r}{1-r} = 4-\frac{3r}{1-r} \quad \cdots\cdots ②$$

ここで①と②を比較してみる。仮に割引率 $r=0.6$ で計算をしてみると，①は5の利得を獲得し，②では－0.5の損失となる。この場合，一回目だけ得をしても，2回目以降の損が続く②の利得は①よりも小さくなることが分かる。この場合，長期にわたる利得を最大化する観点から，お互いに協力する戦略がナッシュ均衡となる。

無限の繰り返しゲームの状況は，両者が何らかのネットワークの中に関係を構築している場合の状況に良く似ている。ネットワークを構築していれば，その中で取引は頻繁に行われることが多く，また，同じコミュニティ内でのネットワークではすれ違うことが何度もあるだろう。だからこそ，そのようなネットワークの中で，1度裏切って「非協力」のようなことがあると，自分自身も損をすることが大きくなり，お互いに協力する方が好ましい状況となる。

このように「第1回目は協力し，その後も相手が協力する限り協力するが，1度でも非協力的行動をとれば二度と協力しない」というトリガー戦略となる。トリガーを引いてしまえば一度は得をするが長期的に見れば，損をすることをお互いに暗黙のうちに認識しているのである。このトリガー戦略ができる均衡状況は，我々の生活の中でも「規範」という形で存在している。ネットワークの中では，規範を守ってお互いに協力していれば何ら問題はないが，規範を超えてまで自己の利益を獲得しよう（トリガーを引こう）とすれば，長期的に「評

判」を落とし，利益を減らすことになるという状況とよく似ている。このように無限の繰り返しゲームから分かる通り，無限の繰り返しは「ネットワーク」を有している状況と似ており，トリガー戦略の状況はある種のお互いの暗黙の了解でとして，トリガーを引いてはならないという「規範」を有している状況と似ているのである。

しかしながら，このように無限の繰り返しゲームにおいて，常にお互いが協調行動をとるとは限らない。割引率の問題が残っている。先の例では割引率を $r = 0.6$ で計算を行ってみたが，今度は割引率 $r = 0.2$ で計算してみると，①は2.5 で，②は 3.25 となる。つまり，割引率が高ければ，第1回目で利得を得ても，それ以降ずっと非協力関係が続けば大きな損失となるので互いに協力し協調関係をとった方が得策である。反対に割引率が低ければ，第1回目に大きな利得を得た方が全体の利得は高くなるので，協調関係をとらない方が無難であるという結果になってしまうことが考えられる。

割引率は，財務管理論における企業価値評価の世界では資本コストのことであり，資本コストは「資本提供者のリスク調整後の機会費用であり，資本提供者が資本を提供する際に，提供先に要求する必要最低限の利益率（投資利益率）」（亀川，2002a, p. 118）である。資本提供を行う投資家はリスクを加味して期待効用を最大化することを求めている。資本コスト（割引率）が高いということは，リスクに変化が無ければ，期待する利益率が高まっていることを意味し，期待する利益率に変化が無ければ，リスクが増大していることを意味している。

表1-1 の利得行列で無限回の繰り返しゲームを行う場合，割引率を $r = 0.286$ 以上に設定すると，お互いがトリガー戦略をとり続けることがナッシュ均衡となる。合理的な行動としてお互いが協調行動をとるためには，資本コスト（割引率）が 0.286 以上になる，つまり，お互いが協力関係を構築し，協調関係をとることによる利得の利益率が 28.6%以上になると期待できることが必要条件となるのである。資本コストが 0.286 以上必要であるということは，そこにはやはり利己的な意思決定が作用することとなる。結局は，囚人のジレンマを完全に解決し，協調関係を達成するためには利己的行動だけでは解決できないの

である。

　しかしながら，割引率問題が示唆するところは，リスクに変化の少ない安定的な評判システムを作ることの重要性であろう。割引率を高めるためには，評判システムを機能させ，裏切らないで安定的に協調関係を維持することによって生まれる評判の価値を高めることが重要なのである。

　評判の価値が高まることで，将来に渡って得られる利得は相対的に大きくなるはずであり，裏切りによって将来に渡って失う損失も相対的に大きくなりダメージも大きくなるはずである。評判の価値が割引率の設定に影響を与えるのである。とすれば，どのようにして評判システムを確立させるかが重要になってくる。Milgrom & Roberts (1992) も次のように示唆している。「信頼に応える者だという評判は利益になる。特別な制度による助けなしでも評判が有効に作用できるのは，評判の対象となる行動が評判の利用者によって直接観察できる場合だけである。したがって，当事者どうしが互いに過去の行動を認識できるような，長期的かつ双方向な関係において評判は最も効力を発揮する。」(Milgrom & Roberts,, 1992, 邦訳, p.312)。

　評判システムが機能するためには，当事者同士が過去の行動を認識できるような，長期的かつ双方向な関係が必要不可欠なのであるといえよう。このような関係においては，信頼，規範，ネットワークの力による蓄積が必要であり，それはまさしく社会関係資本の働きによるものであろう。社会関係資本の充実が評判システムを有効にさせ，社会の効率性を高める可能性がある。

4.2. 社会関係資本と効用

　また，Coase, R. により提起され，Williamson, O. E. によって議論が発展した取引コスト論に着目することで社会関係資本の効用を説明することは有効であろう。Coase, R.(1988) は，企業が存在する理由として取引コスト (transaction costs) に着目した。その他にも Arrow, K. (1969)，Dahlman, C. J. (1979)，Jones, G. R. (1983)，Joskow, P. L. (1985)，明石 (1993)，今井 (1984) などで取引コストについては多くの議論がなされている。[15]

Coase, R. (1988) は，企業と市場の境界を分けるものは，市場の取引コストにあり，企業の存在理由は取引コストにあると説明している。企業を設立することがなぜ有利かという主要な理由は，「価格メカニズムを利用するための費用が存在する。」(Coase, R., 1998, 邦訳, 1992, p.44) からと論じている。ここでいう価格メカニズムとは，価格の変動が生産を方向づけ，市場における一連の交換取引を通じて調整されるメカニズムである。

　そもそも市場とは，分業により社会に拡がった財やサービスがある効用に基づき交換取引される場である。市場で交換を行うことで，企業は利益を享受できるが，交換取引には必ず何らかの取引を行うためのコスト（取引コスト）が生じてくる。

　例えば，市場において交換を行う場合に，誰と交換する方が望ましいのか，交換する財やサービスはどのくらい価値を見積もればよいのか，交換する財やサービスの品質に不良はないのかなどの問題点が存在し，それを解消するためには「情報探索費用」，「交渉費用」，「契約締結・履行確保費用」などの取引コ[16)]ストが必要となってくる。情報の専門家や，取引の専門ノウハウをもった交渉人が表れることでその費用が削減されることも考えられるが，それでも完全に取引コストが無くなることはない。このように企業の外部で経済活動を行う場合には，膨大な取引コストが必要になってくる。

　企業内部の組織内においても，当然ながら経済活動は行われており，様々な財やサービスが交換されている。Coase, R. (1988) は，市場に比べて，取引コストが低いために企業組織は存在すると企業の存在理由を説明する。「市場が機能するには何らかの費用が発生する。そして組織を形成し，資源の指示監督を，ある権限をもつ人が『企業家』に与えることによって，市場利用の費用をなにほどか節約することができる。」(Coase, R., 1998, 邦訳, 1992, p.45) と論じている。つまり，組織が必要なければ，企業の内部でも市場と同じように高い取引コストをかけて交換を行う必要に迫られることになる。

　企業組織内でも企業（雇用主）と従業員との間には雇用契約が締結されている。雇用契約がいったん効力を発揮すると，従業員は雇用主の指揮・命令により，

その指揮・命令の範囲内で自由に経済活動を行うことができる。雇用主が従業員にある仕事を依頼する場合に，その従業員はその仕事の対価を要求して交渉しようとはしない。また，雇用主も仕事を誰かに依頼するために，仕事を社内でいちいち公募し，従業員に対して競争入札にかけるようなことはしない。このように企業組織が存在することで，取引コストを低減させることができるのである。組織内部では，経営者の意思決定が迅速に「指揮」「命令」として社内に周知徹底され，市場に比べ取引コストが低減されることで効率的に業務をこなすことができる。「指揮」「命令」を機能させるための組織構成や内部規定などの制度設計も取引コストを低減させる重要な要素となる。

　また，従業員同士の横の水平的なつながりにおいても，取引コストを削減することができる。当然ながら，人間が取引を行おうとすれば，何らかの費用や労力が発生する。しかし，組織内部で相互に信頼をもつことができるような組織構成や，ある一定の行動規範を伴う内部規定などの制度設計が充実することで，費用や労力のより少ない効率的な組織運営が可能となる。

　同じ組織内に属する従業員が，組織内で情報を自由に交換できる仕組みや制度が充実すれば，自分が持ち合わせていない知識や経験をもっている従業員と協働して業務を遂行することが可能である。組織内で他の従業員と連携を図ることで，一人では困難な難しい業務もこなすことができる。そのことは，Hayek (1945) が，価格メカニズムの機能は情報を流通させることであると論じたように[17]，組織内部のほうが市場よりも低コストで情報を調達することができることを示唆している。

　さらに言えば，野中・竹内 (1996) がSECIモデルで指摘したように[18]，組織内で新しい知識を創造することも可能となってくる。組織内での連携により，個々人がもっている情報や知識が自由に低コストで流通し交換されることで，新しい技術や知識を生産することができる。必要としている情報をもっている個々人を詮索する費用や，情報提供を交渉する費用，情報の取り扱いについて契約を取り交わす費用など目に見えない労力や費用が必要になることを考えれば，組織が存在することでそのような費用が効率化され，新しい技術や知識を生産

することも容易になり，新たな企業の競争優位性の獲得につながるのである。この協働や連携は組織の中でのネットワークが形成されていればいるほど，容易に行うことが可能である。協働や連携も，組織外の全く見ず知らずの人間と行うことは困難であることは容易に想像できる。組織内でのネットワークも，組織における信頼関係やある一定の規範が形成されてこそでき上がるものである。

　このように組織内部では，信頼，規範，ネットワークが形成されることで，市場よりも組織内での取引コストが低減され，効率的な経済活動を行うことが可能となる。同様のことは企業という組織内部だけではなく，社会全体においても起こり得る。社会においても信頼，規範，ネットワークといった社会関係資本が豊かになることで，社会における取引コストが低減し，効率的な経済活動ができ，豊かな社会を実現することができるのである。

　資本主義社会の中で，社会を豊かにするものは交換取引をベースとする経済活動であるが，交換取引には取引コストが存在し，社会の効率性に問題を生じる。社会はその取引コストを低減するために，法やルールという制度を設計し，社会的に効率的な資源配分を実現するための工夫を行ってきた。法やルールがなければ，交換取引を行うための相手の信用度を見極めるコストや，財やサービスの履行を見届けるためのコストが必要であろう。

　しかしながら，法やルールを策定すること自体にも大きな費用がかる。実際には民主主義社会では，法律やルールを立法する政治家や議員などは，国民の負担により維持されており，莫大な社会的費用をかけている。企業の取引において，法やルールを守らせる (enforcement) ためには，例えば上場企業に監査法人による監査が義務づけられているように法やルールを監視し，法やルールにしっかり則して履行されているかを確認する何らかの第三者機関が必要になってくる。しかし，このような第三者機関を利用すること自体に取引コストを伴う。法やルールなどの制度設計は，社会に効果的な資源配分をもたらすが，制度設計を行うよりも，社会関係資本を豊かにすることで，社会全体としての効率性をより高めることができるはずである。

一方，Jensen and Meckling (1976) のように，企業は契約の束 (nexus of contracts)[19] とみなして，経済主体間の契約により取引は成立すものとして契約議論でも議論される。簡単に言えば，契約は取引の条件を取り決めたものであり，取引を当事者の機会主義的行動から守るものということになる。契約を厳密に締結しようとすれば，当事者間の将来の行動を予測し，その行動に対してすべてを取り決める必要がある。しかしながら，将来の当事者の行動を詳細に予測して記載することができるであろうか。そのために，契約理論を考える場合には，契約には「完備契約」と「不完備契約」という2つの考え方が存在する。

　完備契約とは，取引を通してすべての起こりうる事象を予測して，各々の場合の当事者の権利と義務をすべて取り決めるものであり，どのような契約でもコストがかからず，その契約内容を裁判所が履行させることができる契約関係である。しかしながら，現実の世界では，そのような完備契約は存在することはなく，理論上のものである。現実には合理性の限界，行為を特定して測定することの困難さ，情報の非対称性などの要因が問題となり，完備契約を締結することは非常に困難を伴う。

　合理性の限界の問題は，個人が情報を処理し，複雑さを克服しながら合理的な目標を追求し，そして将来の事象を予測し，定量化する人間の能力には自ずと限界があることである。行為を特定して測定することの困難さについては，各当事者の権利と義務を予測して，すべてを明文化することに困難さがある。すべてを書くとすれば，何万通りにも及ぶ将来の出来事を場合分けして明文化することが必要となる。その意味でも，仮に契約書に明文化できたとしても，あらゆる将来の事象を詳細に記載することは難しいため，契約上の文言は曖昧で幅広い解釈が可能になり，契約の履行も曖昧になってしまうであろう。

　また，情報の非対称性も問題となる。当然ながら，当事者同士が契約に関する情報に均一にアクセスすることはできないし，相手が何を考えているかは分からない。相手の情報が分からなければ，将来を予測することはできないのである。このように様々な要因があり，完備契約は実際には存在することはない。

　不完備契約は，起こりうる事象について，すべての権利，義務，行動を規定

していない契約である。契約が不完備であるということは，柳川（2000）によれば，「本来，状態（state）に依存した契約を書いて効率性を確保すべき状況において，その必要な契約が十分に書けていない状況あるいは契約」と定義される。[20]

亀川（2006）も，次のように指摘し，取引関係において企業組織が成立する前提理由を不完備契約に置き，暗黙的契約関係のスムーズな履行が効率的な経済活動につながることを示唆している。「現実および将来の事象を完全に把握し，その詳細を契約書に明示できればよいが，実際にはこのような完備契約を結ぶことができない。しかし，その状態を放置すれば分業は機能不全を起こすことになる。そのために予期しない様々な偶発事象に対応する契約，すなわち明示的契約以外の事態に対処する暗黙的契約関係が必要となる。—（略）—不確実（不完備）な市場では，明示的な契約関係だけではスムーズな経済活動はできず，暗黙的契約を遂行する組織が必要になる。経営者は分業により深化する専門化を様々な契約で有機的に統合化し，連結させることになる。企業が組織として成立する理由は，個々の取引に関する契約関係が不完備契約を前提とするためである。」（亀川，2006, p. 187）

不確実な市場において，完備契約関係を構築することは難しく，仮に完備契約を構築できたとしても無数にある行動の選択肢をすべて明示できず，暗黙的な契約関係を包含する不完備契約関係にならざるを得ないであろう。組織内における取引関係を中心に概観したが，不完備契約関係は，企業と社会におけるステークホルダーとの間においても存在する。

企業はステークホルダーとの良好な関係構築が求められる。企業を契約の束と考えれば，この契約関係が分業と協業のあり方，そして企業を取り巻くあらゆるステークホルダー間の取引関係を決定し，結果として企業の業績に影響を及ぼすと考えることができるであろう。ここでの契約関係は，明示的な契約関係のみならず，企業の行動によって培われた暗黙的契約関係も含まれる。

経営者の重要な役割は，社内外に無数に散在するステークホルダーを企業の目的に照らし合わせて企業にとって最適な契約関係を構築することであろう。

生産者としての企業と消費者の間には，売買契約が必要となる。取引先との間には取引契約，企業と労働者の間には雇用契約，投資家との間には出資契約が必要となる。経営者はこれらの契約関係を構築するために，情報収集と分析を行い，意思決定と情報伝達を行うのである。これらの契約関係は明示的なものばかりではなく，社会的規範という暗黙的契約関係が含まれる。

　暗黙的契約関係をいかに履行できるかが社会全体の効率性にとっては重要である。例えば，取引先との契約関係においては，取引契約が締結されるが，通常，日々繰り返される取引の中で，いちいち取引・発注の度に契約書を取り交わすことはない。取引ごとに契約を締結しては，膨大な取引コストがかかり，経済の効率性が損なわれてしまうであろう。契約書がなくとも，信用により取引が行われるのである。交換取引の対価となる貨幣の交換も後払いで取引を行うことになる。

　将来が不確実な状況においては，不完備契約の状態を補完するのは信頼の役割であろう。信頼を重視する取引は，契約を重視する取引よりも効率的である(Jarillo, 1998；Zaheer & Venkatraman, 1995；Sako & Helper, 1998)。荒井 (2006) も「契約書に触れられていない事象が生起しても，契約相手が普段表明している価値や社会一般の理論に基づいて行動すると期待できるか否かが重要になるのである。すなわち，信頼 (に値する行動) が重要な問題になる。これが信頼の必要性を生み出す要因である。」(荒井，2006, p. 118) と不完備契約の世界における信頼 (に値する行動) の重要性を指摘している。

　情報の非対称性と不完備契約関係を補完するモノが信頼であり，社会の中で存在する企業にとって信頼は極めて重要なものである。信頼は将来のことを期待する期待概念の一種と考えられるが，信頼は，社会的にも倫理的と考えられたことを行うという暗黙的な期待であり，明示されてはいないが，社会的な暗黙的契約を守るであろうという期待と捉えることも可能である。そして，暗黙的契約が履行されていけばいくほど，信頼関係はさらに強固に構築されていくのである。不完備契約関係を補完し，社会の効率性を向上させるものは信頼や規範であり，それは社会関係資本なのである。

4.3. 資本概念における社会関係資本

これまで社会関係資本による効率性や社会における効用について議論してきた。信頼，規範，ネットワークを中核概念とする社会関係資本が市場や組織内での取引を効率化させ，円滑な経済活動を促進するという意味で，社会関係資本は効用を有することを確認した。社会関係資本 (Social Capital) には，資本 (Capital) という言葉が使用されているが，資本 (Capital) は資本主義経済の中で，経済活動を行うためには欠かせないものである。ここで今一度，社会関係資本を考える上での資本概念を整理しておきたい。

資本概念は研究者により様々な捉え方が存在し，社会関係資本という場合に，資本という言葉が使用されることに違和感をもつ研究者もいる。例えば，佐藤 (2003) は「社会関係資本が，経済的，政治的，社会的に大きな影響をもたらす社会的資源であることは否定できない。」(佐藤，2003，p.24) と社会関係資本の重要性は認めながらも，「我々は，投資効果だけで家族生活を営み，他人を信頼し，正直などの道徳的規範を守るわけではない。経済的に損だと分かっていてもある規範を守ることはいくらでもある。社会関係に対する投資効果の計量的評価はできない。資本概念として論じることには無理がある。」(佐藤，2003, p.24) と述べ，社会関係資本において資本という言葉を使用することに否定的である。

ここで，もう一度，社会関係資本における資本概念をどのように考えるかを考察しておこう。そもそも資本は所得を生み出す資源であると解釈される。資本主義社会においては，私有財産である資本を，交換経済の中で最大化することが求められる。分業経済の中では，交換の際の見返りを最大化し，犠牲を最小化することで利潤が生み出されるのである。資本はコストを削減し，リターンを増加させる生産手段である。つまり，将来の利益 (効用) を生み出すことができれば，それは有形資産であろうと，非物質的な無形資産 (人間の資質，職業上の能力) も資本として捉えることが可能である。

Social Capital[21]を考える場合には，有形資産のみならず，無形資産も対象に

すべきであろう。前者は，一般的な社会資本（道路，港などの社会インフラ）であり，後者が信頼，規範，ネットワークを中核概念とする社会関係資本である。いずれも，私的資本としては特定することのできない資本であるが，将来に収益（効用）をもたらすことが期待されるのである。また，直ちに消費しないために「資本」として認識される。道路や港などの社会インフラは，それがあることにより物理的に交換経済を効率化させ，社会的に利益をもたらす社会資本である。企業も有形の社会資本を一部活用することで利潤を得ることが可能である。地方自治体が社会インフラを整備し，企業を誘致するケースなどは，公共財であるはずの社会資本を，企業が織り込んで自社の企業資本の一部として利用するのである。企業自身が自社商品の流通のために，自分たちで私的財として道路を工事していたのでは大きな利潤は見込めないであろう。

　このような例は，有形の社会資本ばかりではなく，前述してきたように，目に見えない信頼，規範，ネットワークといった社会関係資本も，取引相手との関係性を強化することによって交換経済を効率化させ，利益をもたらす資本である。

　資本は通常，何かしら現在の犠牲があって，将来の収益に結びつくのが一般的であり，現在の犠牲は投資活動である。しかし，本来的に資本は，将来の収益が期待できれば，現在の犠牲がなくとも価値をもつであろう。資本が意味をもつのは，現在の我慢をすることではなく，将来の収益が期待できることなのである。それだけでも社会関係資本は，十分に資本としての価値を備えているといえる。

　しかし，何もせずに信頼や絆が生まれるわけではない。例えば，社会的規範を教える道徳教育や社会的なネットワークを創出する交流会やイベントなどには，何らかの一定のコストが必要である。企業が社会一般との間で信頼やつながりを得るためにも，様々なプロモーション活動やPR活動によって企業の情報を発信し，交流を図っている。また，顧客創造のために実施されるプロモーション活動や広告宣伝活動も，そのためには当然ながらコストをかけており，それらの活動は一種の投資活動であろう。社会資本は過去からの物的な投資活

動によって蓄積された社会全体としての有形ストックであり，社会関係資本も，過去からの持続的な関係性の積み重ね，取引の積み重ねによって蓄積された無形ストックと捉えることができる。

　Social Capital は市場機能を支援する。有形の社会資本は，物流や情報網などを含めて交換経済を支援するが，無形の資本として形成された信頼関係などがなければ，私有財産の交換（売買）には相当のコスト（取引コスト）が必要になる。企業の商品を考えてみても，商品の中身（食品など）が表示と異なるかどうかなどは，社会との信頼関係があるかないかで大きく変化するであろう。不完備契約関係の中で，それぞれの組織が努力を続け，暗黙的契約を遵守することで，取引コストを低減させることができ，市場機能を支援することにつながるのである。

第5節　社会関係資本と企業資本

5.1.　知的資本概念における社会関係資本

　前節で考察してきたように，Social Capital は市場機能・交換経済を支援する資本として認識・評価されるべきものである。目に見えない社会関係資本は資本なのである。先行する目に見えない無形知的資本に関する研究においても，多くの無形の資本が存在している。これまでの無形知的資本に関する議論の中にも，社会関係資本と類似する資本概念は多分に存在する。本研究における社会関係資本を考察するためにも，無形知的資本について再度，確認および整理を行う必要があるだろう。本節では，無形知的資本論の先行研究における社会関係資本を概観し，知的資本と社会関係資本の整理を行う。なお，前述したように本研究においては，資産（assets）と資本（capital）の明確な区別は意識的に避けることとしている。[22]

1）Edvinsson & Malone (1997) による知的資本と社会関係資本

　Edvinsson & Malone (1997) は，スウェーデンのスカンディア社における知的資本に関する報告書の様式を提示し，日本においては，経済産業省の知的財

産報告書作成ガイドライン策定へも影響を与えた。スカンディア社の知的資本分類に関する研究事例は，無形資産や知的資本関連の議論においては必ずと言ってよいほど取り上げられる著名な研究成果である。知的資本に着目した著書 *Intellectual Capital* の中で，Edvinsson & Malone (1997) は，知的資本は，人的資本，構造資本，顧客資本から構成されていると定義している。

社会関係資本との関係でいえば，構造資本の構成は組織資本，革新資本，プロセス資本の新しい3つの要素から成っており，特に組織資本は社会関係資本と関係が深い。彼らによれば「組織資本は，知識をスピーディに企業内や供給・販売チャネルへ伝達するためのシステム，ツールであり，運営のポリシーなどへの企業の投資を指す。これは組織における体系化された能力であると同時に，その能力をテコとして利用するシステムである。」(Edvinsson & Malone, 1997, 邦訳, 1999, p. 54) と説明し，知識を企業内や供給・販売チャネルへ伝達するシステムとして位置づけている。この記述の内容は社会関係資本であり，前述したクラブ財としての社会関係資本として捉えることも可能であろう。

一方，外部との関係では「顧客資本」がある。顧客との関係こそが，キャッシュフローの発生する場所と位置づけており，Edvinsson & Malone (1997) は，顧客との関係による「顧客資本」をもつ企業の優位性を論じている。「顧客は，自分が何を求めているのかを知っているとはかぎらない。何も知識がない新製品や新しいサービス，新しいテクノロジーに関しては特にそうだ。そこで，顧客の要求を予想し，うまく吸い上げられているような，顧客の趣味やニーズ，興味の対象をできるだけ多く知っておかなければならない。しかし，顧客について，それだけのことを知るには顧客から莫大な量の個人情報を提供してもらわなくてはならない。それには確固たる信頼が必要である。顧客からそれだけ信頼されている企業が現在どれだけあるのだろうか。このため，将来成功する企業というのは，顧客から喜ばれることは言うまでもなく，強い信頼とロイヤリティを得るための長期的プログラムに既に着手している。」(Edvinsson & Malone, 1997, 邦訳, 1999, p. 121)。「顧客資本」を構築する際に重要なことは，強力な信頼やロイヤリティが顧客との間で構築されることである。このような

顧客資本の中にも私的財としての社会関係資本が一部含まれていると捉えることができる。

2）Stewart（2001）による知的資本と社会関係資本

Stewart（2001）は，知識をベースにしたナレッジマネジメントを中心とする知的資本戦略について論じている。彼は，企業の知的資本の標準的構成の考え方として，「知的資本」を「人的資本（才能）」，「構造的資本（知的所有権，方法論，ソフトウエア，文書など，知識を応用した産物）」，「顧客資本（クライアントとの関係）」に分類した。基本的には，Edvinsson & Malone（1997）と同様の分類である。

顧客資本は前述したように私的財としての社会関係資本を含んでいる。また，企業が価値創造を行い，収益力を高めるためには，知的資本への投資が重要になってくるが，知識や知的資本が活かされるためには，知識プロセスが必要であるとStewart（2001）は指摘している。知識プロセスとは，知識を創造し，知識を共有するためのプロセスであり，知識創造と知識共有は相互依存関係にあり，知識プロセスが有効に働くことで，社内の誰かが発見・発明した新しい知識を，別の人間がそれを応用したり，繰り返し再利用したりすることができる。

知識プロセスは知識創造，顧客学習，知識共有の繰り返しにより構成されているが，Stewart（2001）では，知識共有によって，社会的資本[23]，信頼，モラル，文化が築かれる点が最も重要なことであると指摘している。また，IBMのローレンス・プルサークが，イーライリリーやキャピタル・ワンと協力した仕事での言葉[24]を例にあげ，知識共有において，信頼が最も大切な要素であると述べている。知識という観点から企業を管理する上で信頼は不可欠なものであると認識されるようになっている。

知的資本の源泉である知識を活かすためには，信頼が極めて重要であり，信頼が無ければ，知識ベースの知的資本は成り立たないのである。知的資本の構成に，信頼の存在が置かれることは必然である。知識プロセスは，クラブ財としての社会関係資本を活用したものであると捉えることができるであろう。

3）Sullivan（2000）による知的資本と社会関係資本

Sullivan（2000）は，知的資本を構成する要素として，「人的資本」「顧客資本」「知的財産」「暗黙の知識（暗黙知）」「知的資産」「研究・開発」「構造資本」「イノベーション」「成分化された知識」「情報技術」をあげている。知的資本の定義は研究者によって様々であるが，何処に焦点が当てられているかの違いにより，様々な定義があると述べている。

　その上で，Sullivan（2000）では知的資本を保有する企業の資本を，次の3つに分類している。A）知的資本（固有の資産）（人的資本，知的資産（含む知的財産）），B）差別化可能資産（補完的ビジネス資産）（生産設備，流通能力，販売力），C）汎用資産（現金，有形資産，差別化できないもの）である。そして，知識活用型企業のモデルを用いて，A）知的資本（固有の資産）により，他社が模倣できない価値を創造し，その価値をB）差別化可能資産（補完的ビジネス資産）を用いて，利潤を生み出し維持する働きを担い，どの企業にでもあるようなC）汎用資産が企業活動を継続させると論じている。

　A）知的資本（固有の資産）は，企業の価値創造を決定づけるモノであり，重要なものである。知的資本（固有の資産）は，「人的資本」と知的財産を含む知的資産により構築されているが，知的資本（固有の資産）の中には関係資本（relationship capital）という概念が含まれていることにも触れている。関係資本を企業の内部と外部に分ければ，企業の内部関係は，企業内での価値創造に関連する関係であり，「最終的に企業が引き出したいと考える価値を創造するための能力を高めるような関係である。」（Sullivan, 2000, 邦訳, 2002, p.72）。従業員との関係などは企業の内部関係である。

　一方，企業の外部関係は，企業の外部から価値を引き出すことに関連する関係である。顧客や供給業者，投資家などとの関係がこれに該当する。企業と供給業者の例をあげ，関係資本について，次のように説明している。「企業と供給業者との良好な関係は，お互いにサポートしあったりプラスになったりして，双方にとっては，コストを削減したり供給に対する保証の増加となって現れているのである。さらにまた，供給業者にとっては，マーケティングコストの削減や収益の保証を意味するのである。企業がその供給業者と一緒に働いて相互

の価値をさらにどれだけ創造できるかという度合いは,その企業がどれだけより密接な連携や相互ロイヤルティーを創造できるかという度合いでもある。」(Sullivan, 2000, 邦訳 2002, p.72)。このように企業の内部,外部を問わず,企業を取り巻く様々なステークホルダーと良好な関係を構築することが,価値創造につながる。このようなつながりは社会関係資本を活用していることから生じるのであり,Sullivan (2000) が関係資本と呼ぶ資本は,社会関係資本そのものであろう。

4) 刈屋 (2005)[25] による無形資産と社会関係資本

刈谷 (2005) は企業の価値創造のプロセスとしての基本構造を,BS計上資産,人的資産,組織無形資産に例示・分類した。BS計上資産は,バランスシートに計上される資産であり,有形固定資産,金融資産,無形固定資産などを含んでいる。人的資産は,人材に関連するものであり,事業の操業に関する人的資源,イノベーションを創造し,革新的変革をもたらす人的資源,および経営力の向上に寄与するプロセス人的資源などに分類できる。

組織無形資産について刈屋 (2005) は,「組織無形資産は識別化された形式知化されたものである。それは,外部購入した無形資源や絶えず人的資本(人材)の知的生産活動により開発・蓄積された組織資源である。」(刈屋, 2005, p.28) と定義し,そして,その上で組織無形資産の内容を「組織資源」「プロセス資産」「関係資産」と分類している。刈屋 (2005) によれば,関係資産は,相互に関係することは前提に有りながらも,契約によって成立するもの,信頼関係に基づいているもの,ブランド・イメージ・認知に基づいているものに分類している。信頼関係に基づく関係資産は社会関係資本であろう。

また,刈屋 (2005) は,特に関係資産について外部関係資産と内部関係資産に分類している。外部関係資産とは「顧客資産,サプライチェーン関係資産,提携・ネットワーク関係資産,株主関係資産,社会的関係資産 (CSR, ブランド関係) など」を含むものとして定義したが,外部関係資産を十分に活用するためには信頼の構築が重要であると指摘している[26]。信頼を構築することは社会関係資本を蓄積することである。実際の経営資源としての外部関係資産として

は，顧客対応マニュアルや顧客名簿，供給者と情報共有するシステム資源，供給者と操業効率を上げるために共同開発したプロセス資源などがあるが，「コーポレート・ブランドや概念化された暖簾などの信頼関係とイメージを基礎に投資家，消費者，従業員と一緒に将来の価値創造を作っていく関係資産」(刈屋, 2005, p.29)も，刈屋は当然ながら外部関係資産と定義している。供給者や提携者との関係，投資家，顧客，社会との関係など，企業を取り巻く様々なステークホルダーとの関係性を外部関係資産と呼んでおり，これはまさしく私的財としての社会関係資本を含むものである。

一方，内部関係資産については，刈屋(2005)は「内部人的資源に関係をつけた意思決定組織，生産設備と人的操業資源に関係をつけた生産組織など組織関係資産をはじめ，子会社との関係などである。加えて，ビジネスモデル，会社の規則，文化，インセンティブを作る報酬体系，文化に絡む暗黙ルールなど関係の基礎を作るノウハウも関係資産であるが，その関係の基礎に法的な契約関係を超えた信頼関係を前提としている」(刈屋，2005, p.29)と説明した。内部関係資産は，企業や企業グループ内における内部人的資源における関係をベースとし，内部人的資源の行動様式や行動を促す規則やインセンティブ，文化までをその対象としている。組織内での信頼や特定の規範に基づくネットワークはクラブ財としての社会関係資本そのものである。外部関係資産，内部関係資産の両者は，いずれにせよ社会関係資本を含む類似した概念であるといえよう。

5.2. 企業資本における社会関係資本の評価フレームワーク

このように先行研究における無形知的資本論の中には，社会関係資本に分類できる資本が多分に存在することが確認された。本研究における無形知的資本と社会関係資本の区別を明確にする必要がある。これまでの無形知的資本と社会関係資本に関する先行研究の研究成果を踏まえて，本研究では，企業資本に関して図1-4のように社会関係資本を位置づけて評価するためのフレームワークを構築した。

これまで考察してきたように，知的無形資本に包含されている「信頼」「規

範」「ネットワーク」に関連する部分を抜き出して，社会関係資本を明確化している。また，その特徴として，知的資本は，製品・サービスの属性情報に影響を与えるものであり，社会関係資本は組織の行動情報に影響を与えるものとして分類している。

　企業資本構成の評価フレームワークについて大きく分類すると，「有形資本」と「無形資本」に分類することができる。市場が評価する「有形資本」の中には「有形資本／金融資本」と「社会資本」が含まれる。「有形資本／金融資本」は，企業が経済活動を行っていく上で基本となる資本であり，企業の所有する機械，不動産などの有形固定資産，財務上の金融資産，製品を製造するための原料や部品などの仕掛品等も含まれる。Edvinsson & Malone (1997) が論じるスカンディア・ナビゲーター[27]で示される企業の過去に焦点をあてた部分である。

　また，「社会資本」は道路や橋などのインフラストラクチャーを意味する有形の資本であるが，この「社会資本」が企業の有形資本の評価に影響を与えることは十分にありうる。前述したように本来公共財である有形の「社会資本」が，企業の「有形資本」の価値を高める場合も考えられる。例えば，自社の工場周辺の交通アクセスが非常に悪く非効率的であったが，国や自治体による社会資本インフラの整備が進展することにより，工場の物流の効率性を高め，その企業の優位性を向上させることが考えられる。その際には，市場の参加者は，工場の設備・生産能力だけではなく，工場周辺の社会資本を含めて企業の有形資本を評価することになるのである。

　「無形資本」は，「知的資本」と「社会関係資本」を包含した概念として位置づけている。その中でも「知的資本」は，人的資本と知的財産を含む知的資産に分類した。Sullivan (2000) に習えば，知的資産は知識を成文化し，記述し，それに対する所有権を主張できるようにしたものである。知的資産は発明，デザイン，図面，文書，プログラムなどのように成分化されたものであり，何かに書き留めたり，コンピュータに入力した知識は，知的資産として保護される。また，知的資産のうち，法律で保護されたものが知的財産である。特許権，著

作権，商標権，企業秘密などは，法律によってその権利が保護されているものである。Sullivan (2000) も指摘するように，このような知的資産や知的財産には人的資本が影響を与えていると考えられる。人的資本は企業のすべての人間の総合的な能力，経験，ノウハウ，技能などの集合体であるが，これら成文化されていない暗黙知的な人的資本が，組織内で成文化され形式知的な知的資産に変換されるのである。つまり，人的資本によって知的資産は産み出される。企業にとって知的に価値を創造するのは人的資本なのである。例えば，弁護士は，弁護士が持つ能力や経験やノウハウといったものが，弁護士事務所の収益を創造する。また，プログラマーは，ソフトウエア企業に雇われ，新しいソフトウエアプログラムを生産し，企業はそれをコピーして量産し，販売することによって収益を創造する。ソフトウエアプログラムを産み出す個人の能力，経

図1-4　企業資本の評価フレームワーク

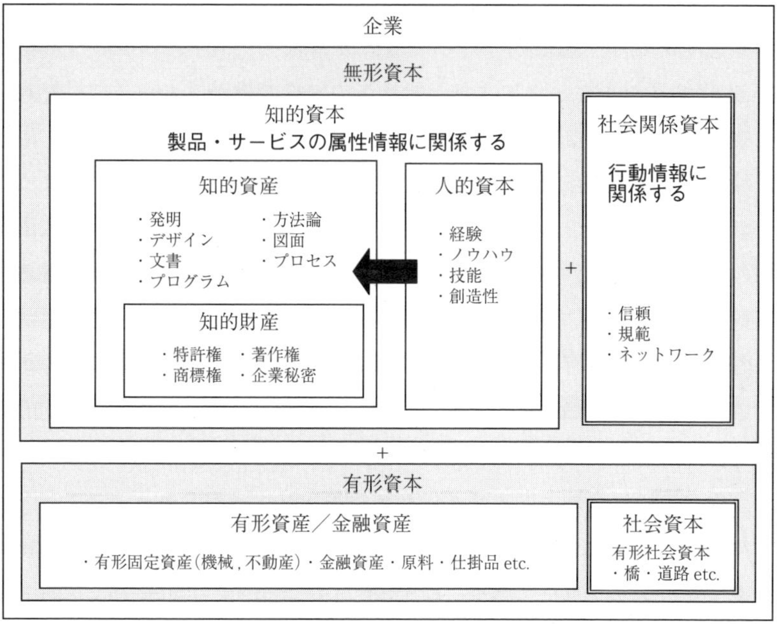

```
┌─────────────────────────────────────────────────────────┐
│                         企業                              │
│ ┌─────────────────────────────────────────────────────┐ │
│ │                      無形資本                          │ │
│ │ ┌───────────────────────────────┐ ┌───────────────┐ │ │
│ │ │          知的資本               │ │  社会関係資本   │ │ │
│ │ │  製品・サービスの属性情報に関係する  │ │               │ │ │
│ │ │ ┌─────────────┐ ┌──────────┐ │ │ 行動情報に     │ │ │
│ │ │ │   知的資産    │ │  人的資本  │ │ │ 関係する      │ │ │
│ │ │ │ ・発明 ・方法論│ │          │ │ │               │ │ │
│ │ │ │ ・デザイン ・図面│ │・経験    │ │ │               │ │ │
│ │ │ │ ・文書 ・プロセス│ │・ノウハウ │ │ │ ・信頼        │ │ │
│ │ │ │ ・プログラム   │ │・技能    │ │+│ ・規範        │ │ │
│ │ │ │              │ │・創造性  │ │ │ ・ネットワーク  │ │ │
│ │ │ │   知的財産    │ │          │ │ │               │ │ │
│ │ │ │ ・特許権 ・著作権│ │          │ │ │               │ │ │
│ │ │ │ ・商標権 ・企業秘密│          │ │ │               │ │ │
│ │ │ └─────────────┘ └──────────┘ │ │               │ │ │
│ │ └───────────────────────────────┘ └───────────────┘ │ │
│ │                        +                              │ │
│ │ ┌─────────────────────────────────────────────────┐ │ │
│ │ │                    有形資本                        │ │ │
│ │ │ ┌───────────────────────────┐ ┌─────────────┐ │ │ │
│ │ │ │       有形資産／金融資産        │ │   社会資本    │ │ │ │
│ │ │ │ ・有形固定資産(機械,不動産)・    │ │ 有形社会資本  │ │ │ │
│ │ │ │  金融資産・原料・仕掛品 etc.    │ │ ・橋・道路 etc.│ │ │ │
│ │ │ └───────────────────────────┘ └─────────────┘ │ │ │
│ │ └─────────────────────────────────────────────────┘ │ │
│ └─────────────────────────────────────────────────────┘ │
└─────────────────────────────────────────────────────────┘
```

(出所)筆者作成

験，ノウハウが，プログラムとして成文化されて知的資産となり，製造・販売されて価値を創造するのである。知的資本がその製品やサービスの特徴づけを行い，競合他社では真似のできない競争優位をもたらすのである。このように知的資本は，製品やサービスの属性情報に影響を与え，競争優位をもたらし，企業の将来のキャッシュフローを創出させる源泉となる。

　しかし，新しい知識を産み出し，その知識を成文化するのは容易ではない。企業内には様々な能力や経験をもった人的資本が存在するが，個人の能力やノウハウの拡張には限界があるからである。野中・竹内（1996）が論じるように，組織の知識創造には暗黙知と形式知の間での共同化，表出化，連結化，内面化といった知識変換が必要であり，個人によって得られた知識を，グループや組織レベルの知識に変換するためには，まずは暗黙知の共有が無ければ始まらない。

　そこで重要な資本となるのが「社会関係資本」である。組織の行動情報に関係する資本である。社会関係資本は，信頼，規範，ネットワークを中核とした資本概念であるが，組織内においては構成員同士を相互に結びつける結束型（Bonding）のネットワークにより，組織への知識変換がスムーズに行われ，新たな知識の創造につなげることが可能となる。構成員相互が信頼に満ち溢れ，意思疎通が容易な組織と，不信が蓄積され，構成員の意見を阻害するような組織とでは，知識創造のプロセスにおいて，その違いは明白であろう。企業が創業期の時は組織も小さいので，組織内の情報は流通し，新しい知識を得ることは比較的容易である。しかし，企業が発展し成長して複雑になり構成員が増えてくると，情報の共有がなされることは少なくなり，企業としての活力が失われていく。企業規模が大きくなるにつれて，知識とノウハウを成文化することを動機づけ，社内の構成員間で共有化し，組織知として定着化させる必要がある。そのためには，社会関係資本の充実が欠かせないのである。

　また，社会関係資本は，企業が顧客やステークホルダーとの良好な関係構築を図ることに役立つ資本である。Edvinsson & Malone（1997），Stewart（2001），Sullivan（2000）が顧客資本と呼び，またSullivan（2000）が関係資本，刈屋（2005）

が関係資産と呼んでいた資本と同様のものである。社外のステークホルダーと信頼を獲得することで，取引コストを減少させ，その企業の取引を効率化させることにつなげる。外部ステークホルダーとの関係のネットワークは，顧客を広げていくような橋渡し型 (Bridging) のネットワークと，取引先との系列関係を強めるような結束型 (Bonding) のネットワークがあるが，いずれのネットワークにせよ企業にとって取引の効率化という効用をもたらす資本となる。

　社会関係資本は，組織の行動様式の中に埋め込まれた資本であり，組織内での価値を創出するような風通しの良い企業風土や営業活動の繰り返しなどの労働サービスの費消により蓄積されるストックとして評価することができる。製品・サービスから利潤を得ようと思えば，顧客を開拓することが必要である。そのためには製品やサービスそのものの品質という属性情報が評価されるべきものであることは当然ではあるが，製品やサービスといった属性情報以外にも，流通，プロモーション等対策を施さなければキャッシュフローの創出はできないであろう。また，競争が激化する市場の中で顧客を獲得するためのプロモーション戦略として，宣伝・広告活動はもちろんのこと，営業マンによる日々の営業活動の繰り返しなどで，顧客との持続的関係性を構築することで，製品・サービスを販売し，利潤を獲得することが可能となる。

　顧客との持続的関係性の観点から考察すれば，顧客は，製品やサービスの品質に関する属性情報だけではなく，その企業の行動情報を評価して製品やサービスを購入していると考えられる。いくら属性情報が良さそうにみえても，企業の行動がいい加減であれば，その行動情報により製品やサービスの購入を見送るであろう。インターネットオークションなどの商取引の経験があればそのことは十分に理解できるはずである。消費者は商品だけではなく，出展者の過去の行動情報を評価しているのである。消費者の授受する情報の中身は，製品やサービスの品質に関する属性情報だけではなく，その企業の信頼性にかかわる情報であり，属性情報と行動情報をあわせて評価しているのである。これらの属性情報および行動情報という2種類の情報が正確に消費者に伝わることによって，企業と消費者の間に介在する「情報の非対称性」が解消され，購買が

促されるのである(高岡編, 2007, p.16)。

また, Porter, M.E.(1985)が指摘するように, 企業の活動は価値連鎖しており, 製品の市場導入とサービスが最終段階で価値に統合されなければ, 顧客から利潤を得ることはできない。また, マーケティング活動においては近年, ホリスティックマーケティング[28]が提唱されるように, 4P (Price, Place, Product, Promotion)における価値を管理するだけではなく, 共創的に顧客との関係性を探索・構築し, 関係性を管理することが必要になってきている (Kotler,P., Keller, K.L., 2006)。顧客との関係性を適切に構築・維持し, 顧客の生涯価値の総和を最大化するという概念であり, カスタマーエクイティと呼ばれることもある(和田, 1998 ; Roland, Lemon and Zeimthal, 2001)。製品やサービスの品質に関する属性情報も, 顧客との関係性により社会関係資本が構築され, その製品やサービスを提供する組織の行動情報が付加されることで相乗効果をもたらし, 売上も上昇するはずである。その結果として, 暖簾やブランドが形成されれば, 企業価値はさらに向上するのである。

その意味でも, 市場の参加者は, そのような財やサービスの属性に関する企業の知的資本だけを評価するのではなく, 暖簾やブランドの構成に欠かせない社会関係資本を含めて無形資本を評価していると考えるほうが自然であろう。本研究においては, 企業の無形資本の中に, 社会関係資本を明確化して位置づける評価フレームワークを提言している。

第6節 まとめ

本章では, 社会関係資本とはいかなる資本であるのかを確認し, 企業資本における社会関係資本のフレームワークについて考察・整理を行った。社会関係資本は, 信頼, 規範, ネットワークを中心とする社会的なつながりに価値を求める資本である。これまでの先行研究では, 社会学がその主な研究分野であったために地域社会における地域市民のつながりやネットワーク構造を中心に分析がなされてきた。本研究では, 企業を中心に社会関係資本の考察を行ったが,

企業においても私的財やクラブ財として社会関係資本が活用されており，取引コストを低減させるなど，市場機能を支援する役割を果たす重要な資本であることが確認された。

　社会関係資本は，企業内部では結束型のネットワークを形成することにより，暗黙知の共有を促し，組織の新たな知識創造に役立つ。また，企業外部では，橋渡し型のネットワークを利用し，口コミ戦略などのマーケティング活動に活用することも可能であろうし，結束型のネットワークを形成して，顧客の囲い込み戦略などに活用することも可能である。いずれにせよ，社会関係資本を企業として活用することで経済的な効用をもたらすのである。社会関係資本として形成された信頼関係などがなければ，私有財産の交換（売買）には相当のコスト（取引コスト）が必要になるであろう。

　社会関係資本を資本として認識すれば，無形の社会関係資本を，企業資本に影響を与えるものとして織り込んで評価することができる。本研究では，これまでの知的資本論や人的資本論などの研究成果から，社会関係資本に類する資本を抽出した。そして企業資本において社会関係資本を明確にプロットし，市場の参加者が評価する企業資本としての社会関係資本のフレームワークを提示した。知的資本は，企業が提供する財やサービスの属性情報に関係する資本であり，社会関係資本は，企業の行動情報に関係する資本と考えることができるであろう。この２つの資本が評価されて，企業の無形資本として評価されるのである。これまで，企業資本における社会関係資本の存在は，先行研究ではその重要性を指摘していながらも，曖昧な形で位置づけられていた。本研究では，社会関係資本が無形資本の評価において重要な役割を果たしていることを明らかにしている。今後，企業の社会的責任が大きく問われてくるような激しい環境変化に対応するためには，経営者による社会関係資本への着眼がますます必要になるであろう。

注

1) このほかにも，金光 (2003)：「ソーシャル・キャピタル social capital とは，社会ネットワーク構築の努力を通じて獲得され，個人や集団にリターン，ベネフィットをもたらすような創発的な関係資産である」（金光，2003，p.238），稲葉 (2007)：「ソーシャル・キャピタルは，社会における信頼・規範・ネットワークを意味している。平たく言えば，『信頼』，『情けは人の為ならず』『持ちつ持たれつ』『お互い様』といった『互酬性の規範』，そして人やグループ間の『絆（ネットワーク）』を意味している。これに『心の外部性』を加えて，『心の外部性』を伴った信頼・規範・ネットワークである」（稲葉，2007, p.4) などの定義がある。

2) Putnam (1993) の邦訳 (2001) では，Social Capital を「社会資本」と訳出しているが，混乱をさけるため，本稿では Social Capital を「社会関係資本」で統一している。

3) 社会関係資本論について Putnam (1993) は，定義に関連して次のように詳述している。

「いかなる社会にあっても，集合行為のジレンマが政治，経済を問わず相互利益を求めて協力しようという試みに水を差す，ということである。第三者による強制は，この問題にとっては適切とは思えない解決法である。地域社会でその成員が自発的に協力し合っているかどうかは（例えば，回転信用組合が成立するかは），その地域社会に社会関係資本が豊かに存在するか否かにかかっている。一般化された互酬性の規範と市民的積極参加のネットワークは，裏切りへの要因を減らし，不確実性を低減させ，将来の協力モデルを提供することで社会的信頼と協力を促進する。信頼自体，個人的要因であるのと同様に社会システムの創発特性でもある。個々人は，彼らの行動がその中に埋め込まれている社会規範や社会ネットワークゆえに，（単に何でも真に受けるだけではなく）信頼することが可能となる。」(Puntam, 1993, 邦訳 2001, p.220)

4) Putnam (1993), 邦訳 2001, p.231

5) 次のように論じている。「物的資本や人的資本－個人の生産性を向上させる道具および訓練－の概念のアナロジーによれば，社会関係資本理論において中核的となるアイデアは，社会的ネットワークが価値を持つ，ということにある。ネジ回し（物的資本）や大学教育（人的資本）は生産性を（個人的にも集団的にも）向上させるが，社会的接触も同じように，個人と集団の生産性に影響する。物的資本は物理的対象を，人的資本は個人の特性を指すものであるが，社会関係資本が指し示しているのは個人間のつながり，すなわち社会的ネットワーク，お

よびそこから生じる互酬性と信頼性の規範である」(Putnamn, 2000, 邦訳 2006, p.14)
6) 荒井 (2006), p.28
7) 山岸 (1998) では「信頼」には,「相手の能力に対する期待としての信頼」と「相手の意図に対する期待としての信頼」あることを指摘しているが, 山岸 (1998) の議論では, 後者を扱っている。
8) 山岸 (1998), p.40
9) 山岸は, 社会的不確実性が大きい場合とともに, 機会コストが大きい場合も「信頼」が存在すると説明している。反対に, 社会的不確実性が少ないコミットメント関係では機会コストは小さく「安心」でいることができる。
10) Putnam, 2000, 邦訳, p.19 参照
11) Freeman (1984), p.25
12) 高岡・谷口 (2003) では, 同モデルを「脱ステークホルダーモデル」と称しているが, 機能レベルではステークホルダーモデルを維持しているので,「脱」というところまで表現するには混乱を招く可能性があるので, あくまでもステークホルダーモデルの変形として本研究では「ポスト・ステークホルダーモデル」と称した。
13)「コモンズの悲劇」と呼ばれる事例もお互いの強調がないために全体としての利益が失われる例である。Hardin, G (1968) が,『サイエンス』誌に発表した論文「コモンズの悲劇」で提起した理論であるが, 具体的には次のような内容である。共有の牧草地において, 複数の羊飼いが羊を放牧している。牧草地は無限に餌を供給できる牧草があるわけではなく, 飼育できる許容量には限界がある。牧草地の全体の羊の合計が, 飼育できる許容量の範囲内であれば, 羊飼いは羊の頭数を増やすことが出来る。羊飼いにしてみれば, 羊を一頭増やしたほうが儲けることができ, 羊一頭が増えることの牧草の負担はすべての羊飼いで負担されるため, それぞれの羊飼いにとっては, 羊一頭を増やしたほうが得策である。どの羊飼いも他人の羊が草を食べることを制限することは出来ない。仮に自分だけ羊の数を減らそうとすれば, 損するのは自分だけである。しかし, 全ての羊飼いが自分だけはいいかと思って過放牧を行うと, 共有放牧地の飼育許容量を超えてしまい, 牧草地の荒廃を招くことになる。
14) 本節での議論は渡辺 (2004) が分かりやすい。
15) 取引コストについては, ここで説明しているもの以外にも, 所有権の交換費用, 取引の情報の収集・解析にかかる費用, 制度設計や組織変革に関するような費

用まで,様々な定義が存在する。
16)「情報探索費用」は取引条件(価格,品質,納期等)に合う取引相手を見出したり,あるいは取引条件を相手に知らせるために必要な費用である。そして,実際に取引に相応しい相手が見つかったとしても,「交渉費用」が必要であり,これは取引相手と連絡を取り合い,電話やメール,あるいは実際に出向いて交渉し,取引条件を決定するための費用である。そして,交渉が終わったとしても「契約締結・履行確保費用」が必要である。合意した内容を相互に確認し,詳細な規定が書かれた契約書を作成し,そして,その契約に基づいた取引契約を確実に履行させるための費用が必要となる。
17) Hayek (1945),邦訳 1986, pp. 52-76
18) SECI,モデルは野中・竹内 (1996) が提唱した知識創造の理論モデルである。企業に競争優位をもたらす新しい知識の創造は,共同化 (Socialization),表出化 (Extrnalization),連結化 (Combination),内面化 (Internalization) という4つの知識変換モードを通じて行われる。
19) Jensen and Meckling (1976),p. 310
20) 柳川 (2000),p. 177
21) ここでは,社会的な資本という意味で,あえて Social Capital と記述する。
22) 本節で紹介したもの以外にも,人的資本と社会関係資本の中間領域として組織資本の存在を主張する Wright et al. (2001) や蜂谷 (2006) などがある。
23) 訳書 (2004) では,「社会的資本」と訳されている。
24) ローレンス・プルサークは「信頼がなければ,何も起こりません。相互依存や権力よりも,明らかに信頼の方が重要なのです。」と述べている。(Stewart, 2001, 邦訳 2004, p. 330)
25) 刈屋 (2005),「無形資産の理解の枠組みと情報開示問題」『RIETI Discussion Paper Series』経済産業研究所,http://www.rieti.go.jp/jp/publications/act_dp2005.html
26)「供給者や提携者との関係は,契約とその実行から発生する信頼関係に基づいている,他方,投資家,顧客や社会との関係は,継続的な規律ある企業活動や情報開示を通じたコミュニケーションにより確保されるもので,信頼関係やコーポレート・ブランド・イメージに基づくものである。無形資産を基礎とした競争環境のもとでは,継続的に優秀な人材を確保し,イノベーションを重ね,安定的な成長をしていく上で,このようなコーポレートブランドの構築がいっそう重要になっている。」(刈屋,2005, p. 29)

27) スカンディア・ナビゲーターはスカンディア社が開発した知的資本の評価モデルである。財務焦点（過去），顧客焦点，人的焦点，プロセス焦点（現在），革新・開発焦点という5つの焦点から知的資本を評価している。
28) Kotler, P., Keller, Kevin, L. (2006) では，ホリスティックマーケティングを重要なステークホルダーとの間に長期的に満足できる関係を築いてともに繁栄することを目的に，価値を探求し，創造し，提供する活動を統合するものと紹介されている。(Kotler, P., Keller, Kevin, L., 2006, p. 49)

第 2 章
企業の社会関係資本と市場の評価

　企業不祥事が頻発することにより，株価が大きく変動することが見受けられる。企業の評価は，市場の参加者たる各経済主体の試行錯誤的探索行動によって調整されることになる。試行錯誤的探索活動は，市場に流れる様々な情報によって左右されるのである。株価は将来のキャッシュフローに関する情報を中心にしながらも，企業に関するあらゆる情報が織り込まれて評価されるのである。前章で考察してきたように，社会関係資本は資本である以上，ストックとして評価されなければならない。市場の参加者も個別企業の何らかの社会関係資本に関する情報を織り込んで評価しているはずである。

　前章では，企業資本における社会関係資本 (Corporate Social Capital) の資本概念を論じてきた。社会関係資本には，取引コストの低減効果があり，取引を効率化させる効用があるという意味でも資本であろう。取引の効率化の中でも，とりわけ，ステークホルダーの中でも顧客との関係性を重視するマーケティング論から考察すれば，社会関係資本はレピュテーション[29]を高め，ブランドを構築することに寄与する。そして，プロモーションコストを削減し，売上を向上することに繋げることのできる資本である。しかしながら，目に見えない社会関係資本を他の資本と峻別して測定することには困難を生じる。社会関係資本が企業資本にとってどのような影響をもたらすのかを考察することによって，社会関係資本の評価についての示唆を得ることが可能であろう。

　本章では，社会関係資本のストックとしての評価が，レピュテーションを生み出し，どのようにしてブランド資本が構築されるのかを検討する。その上で，市場参加者による社会関係資本の評価に関する限界について指摘し，本研究における社会関係資本の評価・測定方法について考察を行う。

第1節 レピュテーションと社会関係資本

1.1. 企業におけるレピュテーション

　近年，コーポレート・レピュテーション（企業評判）[30]という言葉を耳にするようになった。これまでは企業の超過利潤の源泉たる無形資本の大きな要素としてブランドを取り上げた研究が多数行われていた。しかし，近年，企業の不祥事が頻発し，企業価値が低下する事態を受けて，無形資本との関連でレピュテーション概念に注目が集まるようになってきた。企業評判の定義については様々な説があり，特に定まったものはないが，次にあげるような定義がある。「その企業が価値ある成果を生み出す能力を持っているかどうかに関して，その企業の活動に利害関係を持つ人々が抱いているイメージの集積」(Fombrun & van Riel, 2004b, p.12)，「経営者および従業員による過去の行為の結果をもとに，企業を取り巻く様々なステークホルダーから導かれる持続可能な競争優位」(櫻井, 2005, p.27)，「ある企業についての認識を形成するために，その企業についてステークホルダーが問いかけた質問に対する反応である」(Hannington, 2004, 邦訳, 2005, p.52) などである。すべての定義で取り上げられているのは，企業と何らかの利害関係を所有するステークホルダー（利害関係者）であり，それぞれの定義からも分かる通り，企業評判は，ステークホルダーとの持続的関係性から生じるのである。

　社会心理学者の山岸 (1998)[31]によれば，レピュテーションには，「評判の統制的役割」と「評判の情報提供的役割」の２つの役割があると説明している。「評判の統制的役割」は，評判を立てられる側にとっての役割であり，評判は罰として，あるいは報酬として働くことによって，評判を立てられる人の行動をコントロールする役割をもつ。悪い評判が周囲に伝わることは，評判を立てられる人にとっては罰であり，反対に，良い評判が周囲に伝わることは，評判を立てられる人にとっては報酬である。評判に「評判の統制的役割」が存在することで，なるべく悪い評判を周囲に立てられないように行動が制御されるのであ

る。「評判の情報提供的役割」は，評判を情報として受け取る側にとっての役割であり，評判を伝え聞く人にとっては，評判を立てられた相手の人間性を判断するための情報としての役割を果たす。企業評判において「評判の統制的役割」と「評判の情報提供的役割」は対をなすものである。

　レピュテーションはある行動において法的な強制力が無くとも，将来における行動が確信できる状況であり，当然，レピュテーションの高い企業と取引を行うほうが，自己防衛策としての契約を締結するなどの取引コストを節約することができる。また，新規顧客を獲得する場合でも，レピュテーションの高い企業の方が，信頼感があり新規顧客にとっても安心して取引を進めることができるようにマーケティング費用やプロモーション費用などの取引コストを節約することができるのである。レピュテーションそのものは，第三者から発信される評価情報であるため，直接的には企業が費用を特別にかけるものではなく，第三者がその費用を負担している。いわば顧客やステークホルダーに費用を負担させる情報がレピュテーションなのである。だからこそ，いったん高い評価を得れば少ない費用で取引を成功させることができ，極めて効率的である。つまり，レピュテーションの「評判の情報提供的役割」によって取引を効率化できるのである。

　このようにレピュテーションを獲得する事には，取引が効率化されるというインセンティブが働く。だからこそ，企業は何とかしてレピュテーションを獲得しようと努力するのである。それが「評判の統制的役割」である。レピュテーションを下げたくない企業は，評判を落とすような不祥事が発覚すれば，多額の時間と費用や労力をかけてまで，失われたレピュテーションを回復しようとするのはそのためである。

1．2．ブランドストックとフローとしてのレピュテーション

　レピュテーションと混同されやすいものは，ブランドである。ブランドを中心にレピュテーションの類似概念を整理しておきたい。ブランド論ではAaker, D.A. (1991) が，ブランドを資本とみなしブランド・エクイティと論じた。

ブランド・エクイティは「ブランド，その名前やシンボルと結びついたブランドの資産と負債」(Aaker, D. A., 1991, 訳書 1994, p. 20) と定義される。ブランド・エクイティは，「ブランド・ロイヤリティ」，「名前の認知」，「知覚品質」，「ブランドの連想」，「他の所有権のあるブランド資産 (パテント，トレードマーク，チャネル関係)」という5つのカテゴリーに分類され，この5つの資産・負債のカテゴリーがブランド・エクイティの基礎となり，顧客や企業の価値を作り出すのである。ブランド・エクイティは，顧客の中で価値を増やしたり，減じたりする機能をもち，顧客が製品やブランドに関する巨大な情報を解釈し，処理し，貯蔵するのに利用される。また，ブランド・エクイティは，顧客が製品やブランドを利用した経験や，顧客自身がブランドやそのブランド属性を熟知しているために，顧客の購買決定の確信に影響を与えることにつながる。実際にブランドがあるために，そのブランドを使用する際に高い満足感をもたらすのである。

顧客の中にブランド価値が高まることにより，企業は特別なプロモーションを行わなくとも，商品の品質に対する懐疑が無くなり，高いブランド・ロイヤリティを高めることが可能である。Aaker, D. A. (1991) は「ティファニーの宝石であることを知ることは，それを身に着ける経験に影響を与えることができる。すなわち，ユーザーは実際に差異感を持つのである。」(Aaker, D. A., 1991, 訳書 1994, pp. 21-23) と論じたように，ブランドが商品に競争優位をもたらし，商品の価値を高めるのである。同スペックの製品が市場にあるとしよう。その際にブランド製品はノンブランド製品に比べて 5,000 円高く売ることができれば，その 5,000 円分がブランドから得られる企業の超過利益の一部であり，ブランドが利潤の源泉となる。そして，ブランドの強化と顧客の囲い込みにより，超過利益を増幅させていくことが可能となるのである。ブランドは他社との差別化であり，ブランド価値を強化することで，ブランドスイッチが起こりにくくなる。ブランド・エクイティを強化することにより，将来の安定的なキャッシュフローが期待され，企業の価値を向上させるのである。

大柳 (2006) の整理によれば，ブランドは「ステークホルダーに提案される，

事前に想定されたコンテキスト（意味内容）を含んだ標章。…（略）…企業経営において一言でブランドを言うと，企業からの価値提案を含んだ標章ということになる。この標章は他商品もしくは他社と差別化するために付されるのであって，提案される価値は他との違いが強調されたものとなる。」(大柳, 2006, p.46) のであると論じている。ブランドは企業からの事前の価値提案であり，製品ブランド，あるいはコーポレート・ブランドでも，他社との差別化を前提としている点は同様である。ブランドはステークホルダーと企業の架け橋的役割を果たしている。

では，ブランドとレピュテーションはどのような関係があるのであろうか。Fombrun & van Riel (2004b) は，企業の市場価値を物的資本，金融資本，知的資本，レピュテーション資本という4つの資本から構成されているものとして分類している。その中でレピュテーション資本は「企業のブランドおよびステークホルダーとの関係性の換金可能評価額」と定義している。そして，レピュテーション資本の中に，「ブランド・エクイティ」と「ステークホルダーとの関係」が包含される形で説明している。つまり，Fombrun & van Riel (2004b) によれば，レピュテーションはブランドを包含する資本概念として捉えられている。また，Hannington (2004) は，ブランドとレピュテーションの関係を「ブランドは，企業や製品・サービスのシンボルとして水面上に浮かぶ氷山の一角である。レピュテーションは，その水面に沈んでいる。」(Hannington, 2004, 訳書 2005, p.41) と論じ，ロゴや目に見える形といったブランドは，水面の上に出てくる一角であり，水面下にあるレピュテーションの一部であると位置づけている。製品やサービスの個人経験を通じて獲得した情緒的価値を他人に紹介したり，新聞報道を代表とするマスメディアによって推奨されたり，業界の財務アナリストの言及により高い企業価値評価を得たり，同輩の勧めといった口コミなどの様々なステークホルダー間で行われるコミュニケーションを通じて，人から人へと時間を掛けてレピュテーションとして蓄積された表層的なものがブランドである。

このように，ブランドとレピュテーションは相互に補完しあっているが，ブ

ランドとレピュテーションの違いとして，Fombrun & van Riel (2004b)，Hannington (2004) ともに，レピュテーションにはステークホルダーとの関係性をあげている。ブランドはステークホルダーとの関係性を構築する契機の"しるし"としての役割を果たす。しかし，単に"しるし"を身につけているだけでは関係性は構築できないであろう。様々なコミュニケーションや取引を通じて，ステークホルダーとの関係性は構築されるのであり，そのコミュニケーションや取引における過去の行動の評価がレピュテーションにつながる。

　経済学においては，ストックとフローという概念が用いられるが，ブランドはストック概念であり，レピュテーションはフロー概念として説明することができる。ブランドは，企業の日々の活動が顧客の評価として蓄積されたブランドとしての無形資産（ストック）である。ブランドという無形資産は，企業の発信する情報の真偽が精査され，製品やサービスの品質や価格など様々な情報を顧客の消費活動や使用経験などにより評価し，顧客や第三者（ステークホルダー）が発信する情報となったときに意味をもつ（蓄積される）。企業側の一方的な情報発信だけでは，ブランドは形成されないのである。この時に，顧客や第三者という企業の外から情報が伝達されることが，フローとしてのレピュテーションである。レピュテーションにステークホルダーとの関係構築が伴うのは，企業の外からの情報が伝達される必要があるためである。

　Fombrun & van Riel (2004b) は，レピュテーションをレピュテーション資本としてストック概念で評価しているが，筆者は，レピュテーションはフロー概念で捉えるべきであると主張する。日々のフローとしてのレピュテーションの蓄積が，ブランドというストック資本になるのである。顧客やステークホルダーとの関係を前提として生まれるものが，レピュテーションであると考えればより分かりやすいであろう。ブランドを確立するためには，顧客やステークホルダーとの関係性から生まれるレピュテーションが必要なのである。レピュテーションを連想させないブランドは，ただの"しるし"でしかない。全くブランド価値をもたないのである。

1.3. 企業の社会関係資本の役割とブランド資本

　ブランドはストック資本であり、レピュテーションというフローの蓄積されたものであると考えられる。前章で企業資本において社会関係資本を資本として位置づけたが、ブランドやレピュテーションとはどのような関係にあるのであろうか。

　企業は、自らの所有する有形資本と人的資本を中心とした無形知的資本を結合させて、将来のキャッシュフローを生み出す製品・サービスを生産する経済主体である。市場は、企業の製品やサービスの品質に関する属性情報だけを評価するのではなく、その製品やサービスを提供する企業のマーケティング活動のほか、コンプライアンスやCSRを含めたあらゆる組織の行動情報をも評価する。組織の行動情報が付加されることで相乗効果をもたらし、その企業が提供する商品の信頼性や顧客との関係性を構築するプロセスを市場は評価するのである。

　企業が販売取引などの労働サービス（営業活動の繰り返しetc.）や情報のやり取り（PR活動etc.）を繰り返し、組織の行動情報を積み重ねることで、顧客やステークホルダーとの関係が構築され、社会関係資本が蓄積される。顧客は、組織の行動情報と製品・サービスの属性情報を併せて評価し、その評価情報を別の第三者に対し情報発信することになる。この第三者による評価情報の伝達がレピュテーションである。このレピュテーションが蓄積されることで、ブランド資本が形成され、企業に超過利潤をもたらすのである。

　ブランドは顧客にも蓄積されるものであるが、企業内でも知的資本と同様に管理されることがある。ブランド資本はそのブランド価値を向上させることで、さらに無形資本に影響を与え、その価値を増幅させるのである。それがいわゆる暖簾である[32]。一度ブランドが構築されれば、ブランドを拡張して容易に市場参入を果たし、競争優位を発揮することができるように、無形資本の価値を向上させるのである。企業資本とブランド資本の関係を整理すると図2-1のフレームワークのようになる。

レピュテーションを獲得するためには，まずは企業のことを知ってもらい，理解してもらうために企業情報を発信することが必要であるが，企業から発信する情報だけでは，蓄積（ストック）されるブランド資本はブランドを確立するような大きいものにはならない。ブランド資本には，フローとしてのレピュテーションが必要であり，顧客や第三者からの口コミなどの評価情報が欠かせないのである。レピュテーションは，企業の発信する属性情報や行動情報の真偽が顧客やステークホルダーに確認され，製品の質や価格等の様々な情報を顧客の消費活動や取引経験により評価された評価情報である。ブランド資本は評価されたレピュテーションとしての情報が蓄積されて初めて意味をもつ（ストックされる）のである。

　顧客の消費活動や取引経験により適切に評価されるためには，顧客やステークホルダーとの関係が良好であることが必要最低条件であろう。顧客やステークホルダーと企業の間での相互の行動情報のやり取りが，評価情報に反映されるのである。つまりは，社会関係資本がその情報発信のあり方に影響を与えるのである。社会関係資本の役割は，顧客やステークホルダーとの持続的関係性

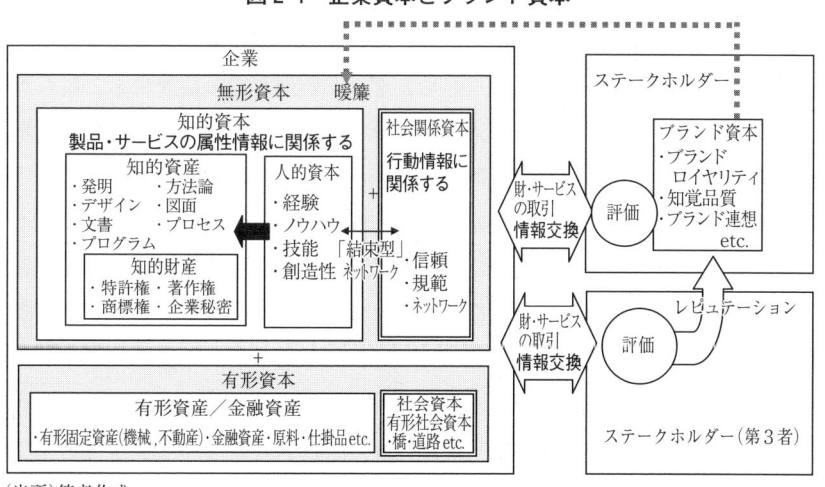

図2-1　企業資本とブランド資本

(出所) 筆者作成

を円滑にし，良好なブランドを創出しやすくすることにある。

　行動情報はプラスの面ばかりではなく，マイナスの行動情報も評価の対象となる。企業が何らかの反社会的行動を行えば，刑罰や罰金などの法的制裁の他に，負のレピュテーションという社会的制裁を受けることになる。これまでの組織の行動情報にも疑義を生じかねない。これまでに蓄積してきた社会関係資本を毀損させ，信用や信頼が低下し，その企業の製品やサービスといった属性情報にまで疑念を抱くことになる。そのことがさらに悪い風評を生み，顧客の買い控え，売り上げの減少などにつながり，株式資本市場では株価の下落などあらゆる経済取引に困難を生じるさせる可能性がある。その結果，これまでに築き上げたブランド資本も崩壊するのである。反社会的行動による負のレピュテーションは，顧客やステークホルダーとの関係性を破壊し，信頼や絆などを破壊するのである。

　負のレピュテーションが拡がることにより，社会関係資本はストックとは呼べないほどのレベルにまで低減し，通常の経済取引が不可能になる。レピュテーションにかかわる直接的な費用は自社以外の外部ステークホルダーが負担している。しかし，社会関係資本が低減し，ステークホルダーとの関係が良好でなくなるとすれば，正のレピュテーションを得ることはできず，経済取引を成立させることに困難が生じるであろう。仮に正のレピュテーションを得ようとすれば，これまでは顧客やステークホルダーが負担していた費用を，自らが負担する必要がある。社会関係資本が元通りにストックされるレベルに回復するまでには，膨大な費用や長い時間と労力がかかり，短期間で回復することは極めて難しい。

　このような状態になった場合，取引を通常通り再開するためには，反社会的行為を行わないような組織構造やガバナンスの変革が必要である。また，組織構造やガバナンスの変革の妥当性について，第三者の認証を受けることも必要になるであろう。組織の行動を正常化させ，その変革が社会的に認められるようにPR活動を行うことが極めて重要になる。社会との関係性を修復するためには，組織構造やガバナンスの変革も必要であるが，適切な情報が，顧客やス

テークホルダーに対して明確に伝達されない限り，つまりは情報開示がなされない限り，企業の諸活動は評価されない。情報を開示し，適切なコミュニケーションを図りながら評価を得て，社会関係資本を蓄積することで，企業価値が回復されていくのである。

　組織の行動を正常化させ，その変革が社会的に認められるように情報を開示し，その透明性を高めることで，企業の行動情報をステークホルダーに伝達し，正しい評価を得ることが可能になるのである。その意味でも情報は重要な役割を果たす。

第2節　社会関係資本と市場の評価

2.1．情報と市場の関係

　社会関係資本を充実させるためには，情報が重要な役割を果たすのであるが，取引が行われる市場においても情報は重要である。ここで情報と市場の関係を考察しておこう。

　新古典派経済学では，市場は資源の配分を可能にする生産財および生産要素の交換取引の場であるとされる。また，市場は需要と供給のメカニズムにより，取引に関するあらゆる情報が織り込まれ，価格に反映される資源配分の場とされる。このように市場を均衡理論的なフレームワークで議論する場合には，市場は完全市場であるという仮定が置かれる場合が多い。

　完全市場とは，情報がすべての市場参加者にコストなしで一様に行き渡り，取引費用や取引制限，税金がなく，商品は同質なものであるという仮定が置かれた市場である。しかしながら，実際の市場にはそのような都合のいい市場は存在しない。市場という見えざる手ですべてが解決されないのは周知の事実であるように，市場は万能ではなく，市場の失敗が生じる原因がこの情報問題であると言ってよいであろう。仮に先ほどのような完全市場が存在するならば，各経済主体は一義的に，一様に意思決定がなされることになる。

　また，取引される財・サービスに関して情報の不完全性や非対称性が存在す

る場合には，取引当事者は，価格情報だけでは取引を行うことはできない。取引に値する財・サービスの内容や品質を吟味する必要があり，財・サービスの内容や品質を評価するためにも情報が必要なのである。取引を円滑に行わせるためにも情報に注目せざるを得なくなってくる。効率的な取引には情報が欠かせないのである。市場には様々な膨大な量の情報が存在するが，そのような膨大な情報の中でも必要な情報を収集・取捨選択して，各経済主体はその行動の意思決定を行わなければならない。Coase, R. H.[33]やWilliamson, O. E.[34]らが提示した取引コスト理論による企業の存在意義の議論も同様の視点によるものである。

取引コストは，市場を利用して交換取引を行うために必要なあらゆるコストである。取引した財を輸送することの他にも，財・サービスの品質を検証するコストや，取引を交渉するコスト，取引を明文化し契約するコストなどの，財・サービスの情報の入手や情報内容の精査に関するコストが取引コストである。このようなコストは，情報が不確実であればあるほど必要になってくる。各経済主体は，能動的に情報を収集し，交換を行うための取引コストを最小にするために情報交換を行っている。市場は交換の場であるばかりではなく，情報探索の場でもある。

市場では財・サービスを交換するために様々な情報が交換されるが，市場を出し抜く情報を獲得した経済主体が利潤を得ることにつながる。そして，その情報が，市場に浸透し普及するまでの間，情報取得の差異が利潤を提供しつづけるのである。既に浸透しているような類の情報からは何も生み出されないであろう。市場で交換されていない情報や新しい情報が価値を生み出すのである。亀川 (1993)[35]が指摘するように，市場の参加者は常に新しい情報を探索し続けており，情報が市場に浸透してしまえば均衡が成立し，利潤は得られなくなるのである。情報交換プロセスは価格形成過程なのである。

Hayek (1964)[36]が，価格システムの真の機能を情報伝達のための機構であるとして市場を捉え，市場に散在している個々の知識（情報）を市場での交換を通じて普及させるものであると論じたように，市場は財・サービスを交換する

ばかりではなく，情報を交換する場なのである。情報を交換し，知識を成長させることで競争のための優位性を見出そうとする試みがそこに存在する。

　情報を交換する場として機能するのは，株式市場も同様である。上場企業では所有と経営が分離し，経営者と株主・投資家の間には情報の非対称性が存在する。市場にもその情報の非対称性が反映されるのである。株式市場は，情報や情報の解析が不十分であり，偏在していることを前提に成立している。仮に株式市場が完全市場だとすれば，株式市場は成立しなくなる。つまり，利潤を得る経済主体が全く存在しなくなるのである。だからこそ，市場の参加者は，市場を出し抜くためにあらゆる情報を収集し，そして情報を評価し将来に渡るキャッシュフローを期待（予測）するのである。

　情報が確実なものでなければ，情報に基づく行動は期待行動である。すべての情報を収集できない場合や，膨大な情報を十分に解析できない場合も実際には存在する。市場の参加者は，ある情報をもとに一定の期待を形成するのである。だからこそ，市場における価格（株価）の決定は，市場の参加者による期待と情報が反映された情報交換過程の結果とみることができよう。

　一般的な経済理論によれば，需給均衡が市場価格を決定する。静学的な均衡理論では，需給一致の均衡価格を見つけ出す均衡探索のプロセスには時間がかからないことになっている。情報が行き渡る完全市場が前提となっているからである。一方，株式市場は，どうであろうか。株式市場では情報が伝達されると，それに即応する形で価格の調整がなされると仮定することができる。支配的な経済理論では，このような市場は効率性市場仮説（Efficient Market Hypothesis）と呼ばれている。

　効率性市場仮説は，Bachelier（1900）の先駆的な理論的研究やCowles（1933）の実証研究や，現代経済学の初期の文献であるSamuelson（1965）などの先行研究が存在するが，最も分かりやすいのはFama（1970）のいう価格が入手可能な情報を「完全に反映している」ような市場が効率的市場であるというものであろう。効率的市場では，市場の新しい情報が，瞬時に株価に反映されるのである。また，Malkiel（1992）によれば，Fama（1970）の定義に加え，市場参加

者に情報を明らかにしても、株価が影響されず、その情報に基づいて経済的利益をあげることができないという点もその定義に加えている。つまり、効率的市場仮説が仮定される場合には、どのような株式に投資しようと、成立している株価は市場の情報を織り込んでいると仮定され、誰も市場を出し抜いて利潤を得ることができないのである。

しかしながら、実際には市場がどんな情報に対しても一様に反応を示すとは限らない。投資家により、過去の意思決定に縛られて投資判断を鈍らせる投資家も存在するであろう。また、その解釈や解析に困難を伴う情報も存在する。それに加え、伝達される情報内容が各々異なることもあるし、情報取得するタイミングにも差異が存在する。市場は、すべての情報に対して即座に反応するというのは現実的ではない。古典的に効率的市場は Roberts (1967) による3つの情報集合による分類が存在するように[37]、いずれの情報内容の差異があるにせよ、株式市場は、売り手のもつ情報と、買い手のもつ情報が連続的な時間の中で交換される場である。情報の不完全性や不確実性に依拠した将来期待の不一致が市場参加者の誘引の一つであり、情報内容のレベルの差異が取引を成立させているのである。

市場における情報の探索と交換のプロセスは価格形成過程であり、市場にとって情報は重要な役割を果たしている。株式市場における株価は将来のキャッシュフローに関する情報を中心にしながらも、企業に関するあらゆる情報が織り込まれ評価された結果であろう。前章で考察してきたように、社会関係資本は資本である以上、ストックとして評価されなければならない。市場の参加者も個別企業に付随する何らかの社会関係資本に関する情報を織り込んで、その企業を評価しているはずである。

2.2. 市場評価における経営者の行動と社会関係資本

市場においては情報が重要な役割を果たすことを考察してきたが、市場における情報開示の問題が、企業における社会関係資本とかかわるようになるのは、金融資本市場の動向と関係があると考えられる。

第二次世界大戦後，日本の金融資本市場は銀行を中心とした間接金融が中心であり，株式は金融機関と事業法人が株式を所有し，互いに株式の持ち合いを行っていた。相互に株式を持ち合うことで，株式の安定化工作を図っていたのである。高度経済成長という時代背景の中，1990年半ばまで株価は持続的に上昇を続け，株主の富も自然と高まっていったため，株主・投資家もモノ言う株主ではなく，経営者も株主を軽視する傾向にあった。株式の持ち合いは実質的には，企業の経営者支配を長期に持続させる結果を生んだのである（宮島・原村・江南，2003）。

　しかしながら，1990年代後半になると，バブル崩壊によりデフレ経済の中で巨額の不良債権を抱えたため，金融機関を中心とした株式持ち合いは解消される方向に進み，金融機関の影響力は低下した。その代わりに資本市場からの直接金融型にシフトせざるを得ない状況になった。上場企業のほとんどは所有と経営が分離し，経営者と株主の間には情報の非対称性が存在する。この現象は市場の機能に障害をもたらし，非効率を生じさせる。資本市場に存在する情報の非対称性の際たるものが，悪貨による良貨の駆逐[38]である。財務報告は情報の非対称性の存在を低減させるためには有用であるが，完全に情報の非対称性の存在を無くすことは難しい。

　現在の企業の競争優位の源泉は，目には見えない経営資源としての無形資本に移行しており，無形資本に投資すればするほど，財務報告だけでの情報開示については，限界が生じるのである。企業が複雑な生産技術，あるいは研究開発などの無形資本に投資すればするほど，これらの支出を外部者が評価することが難しくなる。経営者と同じデータや情報を入手することは困難であり，仮に入手できたとしてもあらゆる無形資本を峻別することは困難である。

　市場が適正に資本を評価するためには，企業の様々な情報を開示していくことが求められる。若杉（1975）は，企業の開示すべき情報範囲を，財務報告以外にも財やサービスの表示や広告宣伝，企業のPR活動までを含意するよう広義に捉え，財務情報だけではく，非財務情報を含めた情報開示について議論している。また，須田（2004）が指摘するように，情報開示の優劣が企業価値の

格差をもたらし，積極的な情報開示は企業に付加価値を与えるのである。

銀行を中心として安定的な間接金融から直接金融型にシフトしたことを背景に，企業が市場で評価してもらうためには，経営者自らリーダーシップを発揮して，ビジネスプランの成功を市場に期待させる必要がある。そのために経営者は，企業内部に偏在する様々な成功を予期させる情報を取りまとめて自社が進むべき道筋を示す PR 活動を積極化すべきである。それに加え，市場から期待を獲得するためには，その期待（投資）に見合う経営者か否かの判断に必要となる経営者の過去の行動情報を開示し，社会関係資本を評価してもらえるように仕向けなければならない。

企業価値の源泉が有形資本から無形資本に移行していることを前提にすれば，亀川（2008）が論じるように，市場における資本の評価は，最終的には経営者という人的資本の評価となる。人的資本の認識は，現在と将来のキャッシュフローにつながる人的資源や組織の過去の活動成果に依拠するのである。市場は過去における経営者および組織の行動を織り込んで評価している。過去にその経営者はどのような組織をデザインし，どのようなプロジェクトにかかわり，どれだけの成果を残してきたのか，そして，社会を裏切るような反社会的行為を行っていないか等，あらゆる過去の情報を織り込んで経営者が評価されることになる。

過去における経営者の評価が，将来のキャッシュフローの予想を担保し，資本として評価されるのである。つまり，過去における行動情報の評価を伴う経営者のレピュテーションが市場の評価にも影響を与えるのである。前節でも考察したように，経営者のデザインする組織が，社会関係資本の充実した組織であれば，市場でもレピュテーションを獲得し，資本評価されるであろう。企業評判の高い企業の方が，直接金融市場から資本として評価されるのである（Fombrun & van Riel, 2004a；櫻井, 2008）。

Fombrun & van Riel（2004a）の研究では，財務分野での重要ステークホルダーである証券アナリストを対象に調査を行った結果，アナリストが米国の303社を対象に行っている1年後の収益予測は，財務変数によって規定される面が

極めて強いとはいえ，企業評判という非財務的要因の影響も決して無視できないと論じている。レピュテーションの高さが，組織の過去の活動成果の信憑性を担保しており，組織としての人的資本の評価を容易にするのである。レピュテーションを認識することは，過去の組織の行動情報を評価することである。つまり，市場は人的資本の評価と併せて，組織の行動によって影響される社会関係資本を評価するのである。経営者や組織の信頼度，ネットワーク，人望，反社会的行為の有無などの過去の組織の行動に関する情報が織り込まれて，資本として評価されるのである。

2.3. 社会関係資本評価の限界

　企業は有形資本と無形資本を結合させ，新たな利潤を創出することが求められており，企業価値を構成する資本概念が，有形資本から無形資本へと変容していることは明らかになっている（北見, 2007b）。成熟化した産業構造社会においては，有形資本よりも無形資本が企業価値を高める要因となっているのである。

　本章では企業資本においてブランド資本が，製品やサービスの属性情報に関係する知的資本ばかりではなく，組織の行動情報に関係する社会関係資本をも評価していることを考察した。社会関係資本は組織の行動情報に関連するものであり，製品やサービスに関する属性情報が組織の行動情報を伴うことで相乗効果をもたらし，その評価の結果としてレピュテーションが形成され，暖簾やブランドが確立される。すなわち，市場においては組織のあらゆる経営行動のすべてが株価に反映されるのである。

　しかしながら，社会関係資本の効果のみを峻別するには非常な困難を伴う。社会関係資本や知的資本など目に見えない無形資本の峻別は難しい。ブランド資本や暖簾は，企業のあらゆる情報が評価されて蓄積されるのである。社会関係資本だけの評価ではない。組織の行動特性に関する情報は，社会関係資本のみならず，他の資本にも影響を与える可能性があり，社会関係資本だけを峻別して評価するには限界が存在する。

社会関係資本の評価には限界があるが，企業不祥事のような反社会的行動により，負のレピュテーションが発生するとなれば，その負の部分は社会関係資本が毀損したことによる影響とみなすことが可能なはずである。製品やサービスの属性情報が超過利潤の源泉である場合には，その製品やサービスは無形資産であるが，これは社会関係資本ではないであろう。

　他方，企業不祥事の多くは，製品やサービスの属性ではなく，トップや従業員の行動が問題になっているケースが散見される。これを行動情報の問題による社会関係資本の毀損と捉えることが可能であろう。プラスの行動による社会関係資本を峻別して評価することは非常に困難であるが，マイナスの行動による市場の反応を把握することで，企業資本に埋め込まれていた社会関係資本に関する経済的影響をマイナスの面から評価することができるはずである。

　そこで，次章では企業不祥事の発生と株価の関係を考察することで社会関係資本の評価について実証的な検証を行う。実務的には多くの取り組みがなされているクライシス・マネジメントに関する分野であるが，不祥事に関する経済価値を実証的に測定した研究は筆者の知る限りでは多くは存在しない。企業不祥事を事例に，企業資本における社会関係資本の評価を実証的に測定することは，実際に危機が発生した場合の事後対応に関する経営管理としてクライシス・マネジメントの分野では，実務および学術の両側面で有意義なことであり，そこから新たな示唆が得られるはずである。

第3節　まとめ

　企業の評価は，市場の参加者たる各経済主体の試行錯誤的探索行動によって調整されており，株価は将来のキャッシュフローに関する情報を中心にしながらも，企業に関するあらゆる情報が織り込まれて評価されている。

　前章では，企業資本における社会関係資本について検討し，社会関係資本を明確に資本として位置づけた。社会関係資本は，ストックである以上，ストックとして評価されるはずである。市場の参加者は，社会関係資本を含めて企業

に関するあらゆる情報を織り込んで評価しているのである。例えば，製品やサービスの属性情報により知的資本が評価され，経営者を中心とする組織の行動情報により社会関係資本が評価されることにより，有形資本ばかりではなく，無形資本も含めて全体として資本評価される。無形資本における市場の評価は，組織の行動の中にある社会関係資本を含めて評価するのである。特に，経営者や組織の信頼度，ネットワーク，人望，反社会的行為の有無などの過去の組織の行動に関する情報が織り込まれて，市場は資本として評価している。本章では，市場において，経営者の行動が極めて関心の高い情報であることを指摘した。

また，本章では，社会関係資本は，ブランド資本の蓄積にも大きな影響を与える資本であることを指摘している。企業が顧客やステークホルダーとの間で，取引や情報交換を行うことにより，資本の評価情報であるレピュテーション（評判）が生じ，評価が高ければ，それが蓄積されることで優良なブランド資本が確立するのである。優良なブランド資本は暖簾であり，超過利潤の源泉となり無形資本の向上に寄与する。このプラスのスパイラルに社会関係資本は寄与するのである。社会関係資本は，顧客やステークホルダーとの関係性を良好にすることで，取引や交換活動を円滑に支援し，ブランド構築を促進させる役割をもつのである。

しかし，評判はプラスばかりではなくマイナスにも作用する。経営者が反社会的行動を行えば，その企業の行動情報に関してネガティブな評判が市場に拡がるだけでなく，製品やサービスなどの属性情報に疑念を生じさせ，企業活動全体にネガティブな評判が発生する。そして，これまで蓄積してきたブランド資本を毀損することになり，暖簾も大幅に毀損される。ネガティブな行動情報により，社会関係資本が毀損された結果生じるマイナスのスパイラルである。

このように，社会関係資本はブランド資本の構築とも密接に関係しており，暖簾に影響を与えることからも，無形資本の評価に大いに関係する資本である。しかし，社会関係資本だけを峻別して評価することは極めて難しい。市場の評価は，企業に関するあらゆる情報が織り込まれ評価されているからである。ま

た，社会関係資本は，知的資本にも影響を与える可能性も存在しており，社会関係資本だけの峻別は困難である。本章ではその限界について指摘した。

前章では，無形資本の評価において，製品やサービスの属性情報により知的資本が評価されるのみならず，組織の行動情報により社会関係資本をも評価されるという市場の参加者の評価フレームワークを提示した。この考え方に従えば，不祥事企業における社会関係資本を測定し，把握することも可能となる。不祥事の多くは，製品やサービスの属性情報が問題になっているのではなく，経営者や従業員の行動が問題となっている。不祥事における行動情報を市場はどのように評価しているのかを分析することで，社会関係資本の経済的影響を把握することが可能である。実際の測定は，次章で行われることになる。

本章では，前章までの議論を踏まえて，顧客やステークホルダーとの間で構築した社会関係資本が，ブランド資本や暖簾に果たす影響を検討し，次章で実証する不祥事企業を対象にしたイベントスタディへの分析フレームワークを提示している。

注

29) 本稿では，レピュテーションと評判，コーポレート・レピュテーションと企業評判は同義で使用している。
30) 大柳 (2006) が「コーポレート・レピュテーションは単に企業の評判やうわさに限定されるわけではない」と指摘するように，単純に言い換えることはできないが，本稿では便宜的に「レピュテーション」を「評判」と訳語を用いている。
31) 山岸俊男は北海道大学大学院文学研究科教授，社会心理学者であり，人間の「こころ」の動きと行動について一貫した研究を行っている。山岸 (1998), p.98 を参照。
32) 暖簾は，無形資産の中で識別不可能な分離・識別できない残ったものの総体である。外部からの取得の場合は「買入れ暖簾」であり，企業内部であれば「自己創設暖簾」となる。自己創設暖簾は，その評価が困難なこともあり制度会計上は計上されることがないことが多いが，ここでの暖簾はブランド資本を元とした自己創設暖簾である。

33) Coase, R. H. (1937), "The Nature of the firm," Economica, vol.4.
34) Williamson, O. E. (1973), *Markets and Hierarchies : Analysis and Antitrust Implications*.
35) 亀川 (1993), p.4.
36) Hayek, F. A. (1945), "The Use of Knowledge in Society," *The American Economic Review, XXXV, No.4, September*, pp.519-30. (邦訳：田中真晴・田中秀夫編訳「社会における知識の利用」『市場・知識・自由―自由主義の経済思想―』ミネルヴァ書房, pp.52-76)
37) 過去の価格やリターンのデータ情報のみが織り込まれる「Weak Form」, すべての市場参加者が知られている公的に明らかになっている情報のみが織り込まれる「Semi-Strong Form」, 市場参加者のうちの誰かに知られている内部情報を含む私的情報すべてが織り込まれている「Strong Form」の3つの型による効率的市場である。
38) 品質に関する情報の非対称性が存在するために生じる問題であり, グレシャムの法則と呼ばれる。貨幣の額面価値と実質価値に乖離が生じ, 実質価値の良い貨幣 (良貨) が流通過程から駆逐され, より実質価値の悪い貨幣 (悪貨) が流通するという法則である。また「情報の非対称性」を説明したのは Akerlof(1970) である。中古車市場を「レモン市場」とし, 車の情報が売り手に偏在する場合, 品質の良い車が過小評価されてしまい, 最終的には品質の良い車をもつ売り手は中古車市場から撤退するという「レモン市場」の説明が有名であり, 情報の非対称性がもたらす市場取引の不完全性を指摘している。

第 3 章

不祥事と市場の反応

　本章では，不祥事企業を対象にイベントスタディの研究手法を援用して株式市場の反応を測定することにより，社会関係資本の毀損に関する経済的影響を測定し，企業資本における社会関係資本の毀損した部分の評価について実証的データを提供する。実証から得られたデータを分析することにより，クライシス・マネジメント分野における新しい知見について考察を行いたい。
　なお，本章における実証の推計に関するデータは，本章の最終頁に示している。

第1節　不祥事と株価に関する先行研究

1．1．企業不祥事と株価

　イベントスタディは，様々な分野で分析ツールとして利用されている。企業の合併・買収（M&A），決算発表，株式や負債の新規発行などの企業のミクロ情報ばかりではなく，貿易赤字の公表や規制環境の変化などマクロ情報による分析など様々な研究領域の分析で利用されている。
　イベントスタディはイベントのプラスの影響ばかりではなく，Mitchell and Netter（1994）による損害額を評価するケースのように，マイナスの影響を分析する場合にも用いられている。市場には様々な情報が流布され，市場にとってプラスの影響をもたらす *Good News* ばかりではなく，マイナスの影響を与える *Bad News* も存在する。企業の不祥事は，社会通念上において，典型的な *Bad News* であり，負のレピュテーションは企業にとってネガティブな経済的影響を与えているはずである。

不祥事と株価に関する先行研究では，Davidson et al. (1994) が企業不祥事によるマイナスの反応を計測している。また，Karpoff and Lott (1993) は米国企業132社のサンプルを用いて，不祥事企業の異常収益率を推計し，企業不祥事の際の株価の低下を計測した。企業の信用失墜効果によりその異常収益率の大部分が説明されるとしており，株価の低下は企業不祥事に対する法律的な罰則や制裁よりも信用が失墜することが大きな要因であるとしている。Prince and Rubin (2002) によれば，米国における製造物責任訴訟に関する不祥事について株価の反応を調査し，自動車産業と医薬新産業を対象に，その不祥事の発覚が株価に対して負の影響を与え，企業の信用失墜効果によるものであるという結果を得ている。その他，Garber and Adams (1998) は，製造物責任にかかわる不祥事の計測を行い，イベントは株価に対して有意な影響を与えていないことを示した。製造物責任におけるリコール情報の影響に関して，Hoffer, Pruitt, and Reilly (1988) では負の影響は無いという結果を得ているが，Jallrell and Peltzman (1985) や Barber and Darrough (1996) では，製造物責任におけるリコール情報に負の影響があるとの報告もある。

日本における不祥事と株価に関する先行研究は，上場保険会社に関する金融不祥事および行政処分を扱った白須・吉田 (2007) や，個人情報漏洩事件に関する不祥事を扱った河路 (2005) などがある。一般的な企業不祥事と株価パフォーマンスについて実証研究を行っているのは小佐野・堀 (2006) である。小佐野・堀 (2006) は，企業不祥事の種類が企業不祥事の株式の異常収益率に与える影響を分析し，コンプライアンスや法令違反を犯した不祥事に限り，新聞報道の数日前に情報が漏れ，負の影響があり，その影響は新聞報道後も続くといった影響がみられたという。また，企業不祥事は有意に影響を及ぼすことはなく，企業の株式の長期所有では株主に損害を与える可能性が低く，環境汚染に関する不祥事の場合，不祥事発覚後にその企業の株式購入することで利益を上げる可能性を否定できないと論じている。

いずれも不祥事の発生と株式市場の反応を測定したものであり，先行研究の多くでは不祥事により株価や異常収益率の低迷が計測されている。先行研究で

は不祥事の種類内容別に計測されているが，いずれも社会関係資本を評価するという視点で，不祥事を分類して計測されたものではない。

第2節　研究方法と仮説設定

2.1.　研究方法

　本研究では，イベントスタディで標準的とされるイベントスタディ法（例えばCanbell, Lo, and Mackinly, 1997）を援用して，不祥事と市場の反応について検討する。企業不祥事の発覚時点での公表情報により株式市場における市場の反応を測定することで，不祥事による企業の経済的価値の毀損に関する影響を検証することができるはずである。

　株式市場は，市場参加者が将来のキャッシュフローに関する様々な情報を収集・交換する場である。市場における効率性市場仮説は，市場に情報が流通することで速やかに株価が修正されるという仮説であるが，効率的市場仮説を前提にすれば，株式市場に伝達される様々なニュースが，期待を超えたプラスの情報であれば，株価を押し上げ，マイナスの情報であれば株価を押し下げるであろう。こうしたニュースの情報に対する株価を測定することで，イベントに関する情報と株価の反応を検証する手法がイベントスタディ法である。イベントスタディ法とは，株価に何らかの影響を与えるようなイベントの情報が発生した時点で，株価がどのように変化するか否かを検証する方法である。

　前述したように市場での取引は情報交換の過程でもあり，イベント情報の評価が株式の価格に反映されるのである。株価は企業行動のすべてが織り込まれて市場で評価されたものであり，イベントスタディ法を用いることで，イベントに対する評価として，株価の変動を市場におけるレピュテーションの代理変数として把握することが可能である。そして，組織の行動情報に基づくイベントの評価は，社会関係資本の代理変数としての把握が可能であろう。

　イベントスタディ法は，分析対象のイベントを設定し，イベントが発生しなければ，理論的に期待される正常な株価収益率（Normal Return）と，実際の株

価収益率との差異である異常収益率（Abnormal Return: AR）を算出することで測定し，その異常収益率は有意差があるかを分析することでイベントの企業価値への影響を計測するものである。詳細については第3節以降で解説を行う。

2.2. 不祥事の分類と社会関係資本との関係

本研究では，第1の分析として，小佐野・堀（2006）の先行研究に習い，不祥事の内容別に次の5つの不祥事に分類を試みたい。先行研究と同様の分類で行うことで，後で詳述する社会関係資本の毀損を測定する分析と比較することが可能となる。

Aグループは，製造物責任（ProductLiablity）にかかわる不祥事であり，製品に関する欠陥や偽装，大量のリコール，製品への信頼喪失，多額の賠償責任など製品に関する問題にまつわる不祥事群である。Bグループは，コンプライアンス違反（CorporateCompliance）にかかわる不祥事であり，粉飾決算やリコール隠し，談合，賄賂，架空取引のような企業に纏わる不正や財テクの失敗などをこのケースに含めている。Cグループは特許問題にかかわる不祥事であり，特許侵害で訴訟に至るケースを含める。Dグループは，生産拠点の損壊であり，工場の火災や事故などがこのグループである。Eグループは，環境汚染に関する事件・事故であり，汚染物質の廃棄などもこのグループに相当する。

また，不祥事をイベントとして社会関係資本の経済的価値の毀損を測定するため，第2の分析として，社会関係資本が抽出されるように不祥事を分類し，社会関係資本と不祥事を結びつける必要がある。前章でも議論したように，社会関係資本は組織の行動特性に関する情報と関連している。つまり，その企業は社会的に信頼が置ける企業であるのか，社会的規範に沿った企業であるのか，信頼や規範を伴ったネットワークをもちうる企業であるのか等の情報と社会関係資本は強い関連性があると考えることができる。嘘をつかない，騙さないといった組織の行動特性と関係しているのである。反対に，嘘をつく，騙す等の行為は，法規範，社会的規範を逸脱し，社会的信頼を崩壊させ，社会関係資本を毀損する規範逸脱行動である。このような行動情報は社会関係資本の毀損に

影響を与えるのである。行動情報による変化は，社会関係資本の代理変数と考えることができるであろう。社会関係資本と行動情報に関する考察をベースに，図 3-1 のような企業不祥事を要因・影響別に分類するマトリクスを構築した。

横軸は，不祥事の要因による分類を表しており，「規範逸脱行動」と「対策不備」の2つのタイプの不祥事に分類することができる。高岡 (2007) が指摘する消費者に授受される情報内容（属性情報および行動情報）の考え方を援用して不祥事の分類を行った。規範逸脱行動は，社会的規範やルールを逸脱した行動であり，その経営者および組織自身が悪意をもって不正を働く場合の不祥事である。これらの不祥事は，組織の行動情報が問題となっており，その多くは，社会関係資本を毀損している場合が多いと考えられる。一方，対策不備は，従前から対策を講じておけば防ぐことが可能であったと思われる不祥事であり，製品やサービスに関する属性情報が問題となる。設計ミスや品質チェックのミスなど主に知的資本・人的資本の欠陥に依拠するものである。

また，縦軸は，最終消費者に直接的に影響を与えることにつながるか否かで「製品・サービス」と「企業・組織」の2つの不祥事を分類している。製品・

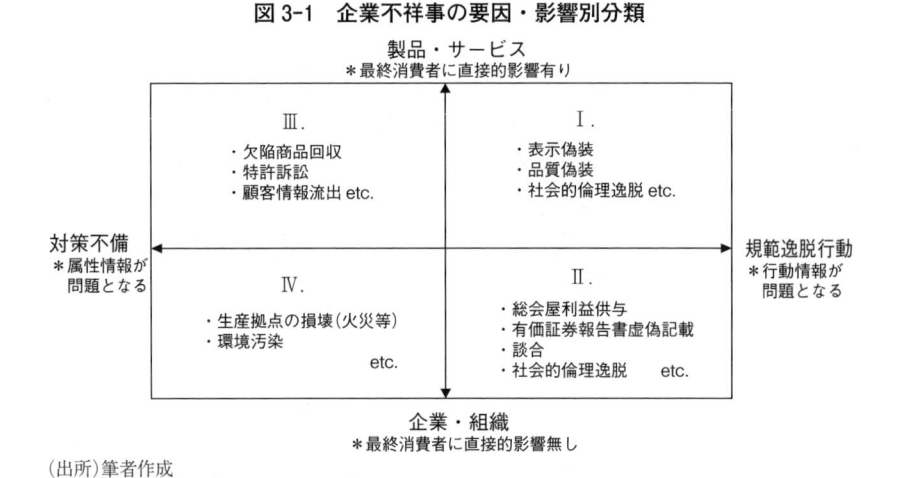

図 3-1　企業不祥事の要因・影響別分類

製品・サービス
＊最終消費者に直接的影響有り

Ⅲ.	Ⅰ.
・欠陥商品回収	・表示偽装
・特許訴訟	・品質偽装
・顧客情報流出 etc.	・社会的倫理逸脱 etc.

対策不備　←　　　　　　　　　　　　　　　→　規範逸脱行動
＊属性情報が問題となる　　　　　　　　　　　＊行動情報が問題となる

Ⅳ.	Ⅱ.
・生産拠点の損壊（火災等）	・総会屋利益供与
・環境汚染	・有価証券報告書虚偽記載
	・談合
etc.	・社会的倫理逸脱　etc.

企業・組織
＊最終消費者に直接的影響無し

（出所）筆者作成

サービスにかかわる不祥事は，その製品やサービスにおける不祥事の発覚が最終消費者に直接大きな影響を与える類の不祥事である。消費者の手元に届く製品・サービスの品質が問題となるケースである。第2章で議論したように，個人としての消費者は，機能レベルで従業員，投資家，顧客，地域住民など様々な機能を果たす重要なステークホルダーである。反対に，企業・組織にかかわるものは，直接的に消費者には影響を与えない類の不祥事であり，企業・組織としての生産体制，販売体制やコーポレート・ガバナンス等のコーポレートレベルでの取り組みが問題になるケースである。これらの2軸でマトリクスを形成すると，4つのグループに不祥事を要因・影響別に分類することできる。

　グループⅠ．は行動情報が問題となるような規範逸脱行動を伴い，最終消費者に直接的な被害を与えるような不祥事である。具体的には，製品・サービスの品質や産地などに関する表示偽装や，データ偽装などである。また，社会的倫理に逸脱する行為を伴って消費者に被害を拡大させるような場合の不祥事もこのグループに分類することとした。例えば社会的倫理や社会的規範に照らして非常に対応が遅く，不祥事への反省がみられない等の社会的倫理を逸脱した行為があった場合には，このグループに分類している。グループⅡ．は規範逸脱行動を伴う不祥事であり，最終消費者に直接的な影響を与えないような類の不祥事である。具体的には，総会屋への利益供与事件や談合，有価証券報告書の虚偽記載などである。法律や法令等の社会的ルールに明らかに違反している場合等，企業・組織としてのコンプライアンスが問題になっているケースが多い。グループⅢ．は規範逸脱行動を含まない製品・サービスなどの欠陥により消費者に負の影響を与える不祥事である。具体的には欠陥商品の回収，特許訴訟[39]，顧客情報の流出等がその例である。いずれも製品・サービスの属性に関して事前に対策を十分に施していれば防ぐことが可能である。最後のグループⅣ．は製品・サービスによって消費者には直接的な影響はないが，工場再建や環境対策等コーポレートレベルで影響を与えるような不祥事である。例えば，生産拠点の火災や環境汚染等のように地域住民に悪影響を与える可能性が考えられるケース等である。

第3節 データと分析方法

3.1. イベントの選択

　本研究では，企業不祥事の発覚に関する報道情報に基づいて，イベントスタディを行う。小佐野・堀（2006）の先行研究に習い，新聞記事の報道情報を使用し，不祥事発覚に関する記事が最初に掲載された日付をイベント日として設定している。イベントが休祭日であるために，東京証券取引所での市場取引が行われていない場合には，新聞記事に掲載された日の最も直近の営業日がイベント日となるように調整を行った。新聞記事は朝日新聞記事データベース「聞蔵」を中心的に利用して企業不祥事に関するイベントを収集し，朝日新聞記事データベース「聞蔵」で日付を特定化できない場合には，読売新聞記事データベース「ヨミダス文書館」を補完的に利用している。

　イベントのデータとして使用した不祥事は，1992年から2007年までの15年間に新聞掲載されたものを使用した。不祥事に関するキーワードとして，製造物責任，欠陥，偽装，リコール，損害賠償責任，粉飾決算，リコール隠し，談合，賄賂，架空取引，特許侵害，特許訴訟，工場火災，船舶事故，炎上，環境汚染，汚染物質を用いて検索を行った。1992年から2007年にかけての企業不祥事の検索結果総数は97件であった。しかしながら，次項で述べるように株価データの取得に際して限界があるサンプルが27件あったため，最終的なイベントサンプル数は70件となっている。70件の各イベントに関する詳細は表3-1に報告されているが，形態別分類では，グループAが20件，グループBが32件，グループCが4件，グループDが10件，グループEが4件である。また，要因・影響別の分類では，グループⅠ.が11件，グループⅡ.が29件，グループⅢ.が16件，グループⅣ.が14件であった。

3.2. 株価と市場のポートフォリオデータの選択

　本研究では，「Yahoo!ファイナンス」の株価データから，前記の70件のサ

第3章 不祥事と市場の反応　77

表3-1　企業不祥事のデータ

A＝製造物責任にかかわる不祥事，B＝コンプライアンス違反にかかわる不祥事，C＝特許問題にかかわる不祥事，D＝生産拠点の損壊，E＝環境汚染に関する事件・事故

No.	不祥事公表日	企業名	内容別	不祥事内容	トップの辞任表明	要因・影響別
1	1992/ 2/25	シャープ	A	テレビ発火の恐れ4万台無料点検	－	Ⅲ.
2	1992/ 6/30	三洋電機	C	米TI社，半導体特許侵害提訴	－	Ⅲ.
3	1992/10/13	大日本印刷	B	印刷業界シール談合	－	Ⅱ.
4	1993/ 7/14	キリンビール	B	総会屋への利益供与事件	1993/ 7/17	Ⅱ.
5	1993/11/ 7	ＮＴＴ	B	無断で契約し請求本人確認怠る	－	Ⅲ.
6	1993/11/21	松下電器産業	A	炊飯器25万台無料点検・修理	－	Ⅲ.
7	1994/ 2/26	東燃	D	川崎コンビナート工場火災	－	Ⅳ.
8	1994/ 5/31	三井金属	D	電池材料工場火災	－	Ⅳ.
9	1994/ 7/19	TDK	A	スチーム加湿器　回収	－	Ⅲ.
10	1994/10/22	ツムラ	B	商品架空取引疑惑	－	Ⅱ.
11	1994/12/13	資生堂	A	スプレー缶回収	－	Ⅲ.
12	1995/ 2/ 8	トーキン	D	白石工場火災	－	Ⅳ.
13	1995/ 8/11	キリンビール	A	ビールに菌混入→問題なし	－	Ⅲ.
14	1996/ 5/25	山崎パン	A	偽製造年月日2万個回収	－	Ⅰ.
15	1996/ 6/ 9	高島屋	B	総会屋への利益供与事件	1996/ 6/ 9	Ⅱ.
16	1996/ 9/ 3	カシオ	A	デジタルカメラ回収	－	Ⅲ.
17	1997/ 3/11	味の素	B	総会屋への利益供与事件	1997/ 4/11	Ⅱ.
18	1997/ 5/ 9	キリン	C	雪印乳業が貧血治療薬の特許権侵害を提訴	－	Ⅲ.
19	1997/ 5/14	野村證券	B	総会屋への利益供与事件	－	Ⅱ.
20	1997/ 8/21	大同特殊鋼	D	溶けた鉄による工場配線火災	－	Ⅳ.
21	1998/ 3/20	ヤクルト	B	金融派生商品取引多額損失	－	Ⅱ.
22	1998/ 6/ 6	東芝	E	工場から有害物質，環境汚染問題	－	Ⅱ.
23	1998/ 7/24	日本航空電子工業	B	防衛装備品納入10億円水増し請求	－	Ⅱ.
24	1998/10/21	旭化成	E	工場地下水汚染	－	Ⅳ.
25	1999/ 1/23	クボタ	B	水道管ヤミカルテル問題	1999/ 3/19	Ⅱ.
26	1999/ 1/26	ヤマハ発動機	E	工場地下水汚染	－	Ⅳ.
27	1999/ 5/19	トヨタ自動車	A	10車種，79万台リコール	－	Ⅲ.
28	1999/10/23	日本板硝子	D	工場火災	－	Ⅳ.
29	2000/ 6/30	雪印乳業	A	集団食中毒事件	2000/ 7/ 7	Ⅰ.
30	2000/ 7/27	三菱自動車	B	リコール隠し問題	2000/ 8/28	Ⅱ.
31	2000/12/20	オムロン	E	工場地下水汚染	－	Ⅳ.
32	2002/ 2/28	三井物産	B	ODA利益供与	2002/ 9/ 3	Ⅱ.
33	2002/ 8/ 7	日本ハム	A	BSE国産牛肉偽装事件	2002/ 8/20	Ⅰ.
34	2002/ 8/ 7	富士通	B	防衛庁データ流出	－	Ⅳ.
35	2002/ 8/30	東京電力	B	原子力発電所点検記録改ざん	2002/ 9/ 1	Ⅱ.

No.	不祥事公表日	企業名	内容別	不祥事内容	トップの辞任表明	要因・影響別
36	2002/ 9/21	東北電力	B	原子力発電所トラブル隠蔽	−	Ⅱ.
37	2002/ 9/21	中部電力	B	原子力発電所トラブル隠蔽	−	Ⅱ.
38	2002/11/ 7	JR西日本	B	救急隊員死亡事故	−	Ⅱ.
39	2002/11/13	トヨタ自動車	B	所得隠し問題	−	Ⅱ.
40	2002/11/17	大和證券SMBC	B	インサイダー取引問題	−	Ⅱ
41	2003/ 9/ 9	ブリヂストン	D	栃木工場タイヤ火災事故	−	Ⅳ.
42	2003/10/26	日本テレビ	B	視聴率不正買収問題	2003/11/19	
43	2003/11/15	武富士	B	盗聴電話問題	2003/12/ 9	Ⅱ.
44	2003/12/ 4	トヨタ自動車	B	整備士技能検定試験問題漏洩	−	Ⅱ.
45	2004/ 4/16	マツダ	D	マツダ宇品工場火災事故	−	Ⅳ.
46	2004/ 4/25	ソフトバンク	B	顧客情報流出	−	Ⅲ.
47	2004/ 4/28	日本製紙	D	旭川工場火災事故	−	Ⅳ.
48	2004/ 5/27	三洋電機	C	米国企業による特許権侵害提訴	−	Ⅲ.
49	2004/10/28	三菱地所	B	汚染隠蔽マンション販売	−	Ⅰ.
50	2004/11/23	三井物産	B	排ガスデータ捏造	−	Ⅰ.
51	2005/ 3/ 2	日本航空	A	日航機無断離陸／安全トラブル	2005/ 5/10	Ⅲ.
52	2005/ 4/21	松下電器産業	A	FF式石油温風機一酸化炭素中毒事件	−	Ⅰ.
53	2005/ 5/14	横河ブリッジ	B	鋼鉄製橋梁工事入札談合事件	−	Ⅱ.
54	2005/ 5/14	川田工業	B	鋼鉄製橋梁工事入札談合事件	−	Ⅱ.
55	2005/ 5/19	小田急電鉄	B	有価証券報告書虚偽記載	2005/ 5/31	Ⅱ.
56	2005/ 6/30	クボタ	B	アスベスト健康被害死傷問題	−	Ⅱ.
57	2006/ 1/15	トヨタ自動車	C	プリウス特許侵害	−	Ⅲ.
58	2006/ 2/ 2	五洋建設	B	防衛施設庁建設工事談合	−	Ⅱ.
59	2006/ 8/13	東レ	D	大津工場火災	−	Ⅳ.
60	2006/ 8/16	ソニー	A	リチウムイオン電池欠陥回収	−	Ⅲ.
61	2006/12/19	NEC	A	パソコン発火回収	−	Ⅲ.
62	2007/ 1/12	不二家	A	賞味期限切れ原料使用	2007/ 1/16	Ⅰ.
63	2007/ 2/10	リンナイ	A	湯沸かし器一酸化炭素中毒事故	−	Ⅰ.
64	2007/ 3/16	北陸電力	B	臨界事故隠蔽	−	Ⅱ.
65	2007/ 3/21	信越化学工業	D	直江津工場火災	−	Ⅳ.
66	2007/ 3/23	東京電力	B	臨界事故隠蔽	−	Ⅱ.
67	2007/ 9/13	大阪ガス	B	熱電併給補助金不正受給	−	Ⅱ.
68	2007/10/31	ニチアス	A	対火壁性能偽装	2007/12/ 1	Ⅰ.
69	2007/11/ 6	東洋ゴム工業	A	対火壁性能偽装	2007/11/30	Ⅰ.
70	2007/11/22	栗本鐵工所	A	橋梁型枠強度改竄	2007/12/ 6	Ⅰ.

(出所) 筆者作成

ンプルイベントについて，イベントスタディに必要な期間の日次データの終値を得ている。また，データの連続性，取得可能性などの理由から，マーケット・ポートフォリオデータとして日経平均株価を採用し，70件のイベントに対応するように日経平均株価の日次データの終値を「Yahoo! ファイナンス」のデータベースから取得している。

また，イベントスタディでは，正常な株価収益率（Normal Return）を推計するために，推定期間とイベント・ウインドウを定める必要がある。本研究では推定期間を $t = -120$ から $t = -21$ までの100営業日のデータを用いて行った。また，イベント・ウインドウを基本的にはイベント日の前後20営業日（$t = -20$ から $t = +20$ まで），すなわち，イベント日を含めた41営業日をイベント・ウインドウとした。短期的な不祥事による影響ばかりではなく，継続的な長期の影響も分析するために，基本的な分析以外ではイベント・ウインドウを短くしたり延長したりして変化させて分析している。

3.3. モデルの選択

イベントスタディの手法に確立した方法論は存在していないが，Canbell, Lo, and Mackinly（1997）の方法に従えば，イベントスタディ法では，まずはイベントの情報が発生していないことを前提とした正常な株価の変動を推計するモデルが必要である。ここでいう正常な株価とは，もしもイベントは起きなかったら達成されていたであろうと期待される株価という意味である。一般的に株価は様々な要因から影響を受けるが，個別銘柄のうち，マクロ的な市場全体の影響を受ける部分を控除して個別銘柄の株価の変動を推計する必要がある。正常な株価を推計するモデルとしては，Canbell, Lo, and Mackinly（1997）でも使用されているマーケット・モデルを使用する。マーケット・モデルは，個別銘柄株式 i について，次のように表すことができる。

$$R_{it} = \alpha_i + \beta_i R_{mt} + \varepsilon_{it} \quad (1)$$

ただし，$E(\varepsilon_{it}) = 0$, $Var(\varepsilon_{it}) = \sigma^2_{ei}$

R_{it}：i銘柄の株式のt営業日における株価市場収益率
R_{mt}：t営業日におけるマーケット・ポートフォリオの収益率
α_i：切片
β_i：i銘柄のパラメーター（システマティック・リスク）
ε_{it}：誤差項

　R_{it}, R_{mt}はそれぞれ株式iとマーケット・ポートフォリオの時点tのリターン、ε_{it}は平均ゼロの攪乱項であり、α_i, β_iはマーケット・モデルのパラメーターである。つまり、(1)式におけるR_{it}は、i銘柄の株式のt営業日における株価市場収益率であり、R_{mt}はt営業日におけるマーケット・ポートフォリオの収益率を表している。イベントスタディにおけるマーケット・ポートフォリとしては、海外ではS&P500指数、CRSP価値ウェイト指数、CRSP等などが利用され、日本ではTOPIX（東証株価指数）や日経平均株価が利用されることが多いが、本研究では日経平均株価の日次終値を用いている。α_i, β_iは日経平均株価データを用いて回帰分析を行うことにより推計を行うことができる。

　次にイベント期間における異常収益率（AR：Abnormal Return）を推計する。異常収益率（AR_{it}）は、i銘柄の株式のt営業日における異常収益率であり、次のように求めた[40]。この異常収益率が企業の固有の要因に基づく株価の変動部分となり、今回の分析では不祥事に関する情報による影響を受けたものと解釈できる。

$AR_{it} = R_{it} - (\hat{\alpha}_i + \hat{\beta}_i R_{mt})$
AR_{it}：i銘柄の株式のt営業日における異常収益率
$\hat{\alpha}_i$：切片α_iのOLS推定値
$\hat{\beta}_i$：i銘柄のパラメーター（システマティック・リスク）β_iのOLS推定値

　また、次のようにして平均異常収益率（AAR: Average Abnormal Return）を計算する。

$$AAR_t = \sum_{i=1}^{N} \frac{AR_{it}}{N}$$

N：サンプル数

そして，イベント期間 T_1 から T_2 までの平均異常収益率を合計して，平均累積異常収益率（ACAR: Average Cumulative Abnormal Return）を計算する。

$$ACAR_{T_1, T_2} = \sum_{i=T_1}^{T_2} AAR_t$$

これらの AAR および $ACAR$ の統計的有意性に関しては，坂野・恩蔵（1993）に習い，Brown & Warner（1985）で示された t −検定の方法に基づいて確認している。

第4節　内容別不祥事のイベントスタディ分析

4.1．推定結果と分析

まずは，小佐野・堀（2006）の先行研究に習い，不祥事を内容別に5つの不祥事グループ（A＝製造物責任にかかわる不祥事，B＝コンプライアンス違反にかかわる不祥事，C＝特許問題にかかわる不祥事，D＝生産拠点の損壊，E＝環境汚染に関する事件・事故）に分類し，イベントスタディを行った。

表3-2によれば，不祥事発生の情報が伝わったイベント日前後で，グループAおよびグループBでは，負のAARが続き，統計的にも有意にACARも負の影響を受けていることが確認できる。製造物責任・法令遵守に関する不祥事は，有意に負の影響を及ぼし，製造物責任・法令遵守が要因である不祥事を起こした企業の株式をもつことで株主に損害を与える可能性がある。特に，グループAは $t+5$ 営業日には−15.113％のACARとなっており，大きな負の影響を与えている。その後，イベント発生後6営業日程度で，AARも負から正に転じ回復傾向をみせているが，回復までには長い時間が必要である。

また，図3-2からも明らかなようにグループAについては，発覚前のt−20

表 3-2 不祥事内容別 平均異常収益率 (AAR) と平均累積異常収益率 (ACAR) (t-20 - t+20)

単位:％

	グループA N=(20)		グループB N=(32)		グループC N=(4)		グループD N=(10)		グループE N=(4)	
	AAR	ACAR	AAR	ACAR	AAR	ACAR	AAR	ACAR	AAR	ACAR
t-20	-0.221	-0.221	0.070	0.070	-0.113	-0.113	-0.140	-0.140	-1.460	-1.460
t-19	0.147	-0.074	0.209	0.279	-0.467	-0.580	-0.364	-0.504	1.785	0.326
t-18	-0.333	-0.407	0.584	0.863	-0.186	-0.766	-0.262	-0.766	1.690	2.015
t-17	-0.140	-0.547	0.434	1.297	-0.180	-0.946	-0.491	-1.257	0.336	2.352
t-16	-0.019	-0.566	-0.077	1.220	0.153	-0.794	0.127	-1.130	-0.761	1.591
t-15	-0.367	-0.933	0.062	1.282	-0.378	-1.172	-0.387	-1.517	0.184	1.775
t-14	-0.323	-1.257	0.495	1.777	0.922*	-0.250	-0.737	-2.254	-0.992	0.782
t-13	0.127	-1.129	0.892**	2.669**	0.446	0.196	0.336	-1.919	-1.365	-0.583
t-12	-0.009	-1.138	-0.196	2.473*	0.368	0.564	0.790	-1.128	-0.148	-0.731
t-11	-0.272	-1.410	-0.419	2.054	-0.398	0.166	-0.352	-1.481	2.183*	1.452
t-10	0.284	-1.126	-0.190	1.864	-0.174	-0.008	0.160	-1.321	-0.877	0.575
t-9	0.416	-0.710	-0.347	1.517	0.180	0.172	-0.137	-1.458	1.100	1.675
t-8	-0.075	-0.785	-0.176	1.342	-0.580	-0.408	-0.163	-1.621	1.740	3.414
t-7	0.003	-0.782	-0.383	0.958	0.872	0.464	-0.015	-1.636	-1.873	1.541
t-6	-0.492	-1.273	-0.067	0.892	1.885	2.349	-0.793	-2.429	1.993	3.534
t-5	-0.464	-1.738	-0.229	0.663	1.668	4.017	0.101	-2.327	-0.776	2.758
t-4	-0.422	-2.159	-0.145	0.518	-0.742	3.275	0.281	-2.046	-1.378	1.380
t-3	0.000	-2.159	-0.448	0.071	2.074	5.349	-0.006	-2.052	-1.441	-0.061
t-2	-0.299	-2.459*	-0.450	-0.380	0.571	4.779	0.413	-1.639	-0.949	-1.010
t-1	-0.065	-2.524*	-0.643	-1.023	-1.606**	3.173	-0.203	-1.842	-1.791*	-2.802
t	-5.698***	-8.222**	-3.777***	-4.800*	-0.132	3.042	1.135	-0.706	-1.409	-4.210
t+1	1.263	-9.485***	-1.036*	-5.835**	1.551	4.592	-0.983	-1.690	1.473	-2.737
t+2	-0.716	-10.202***	0.557	-5.279*	1.416	3.176	-0.069	-1.759	0.703	-2.035
t+3	-1.710	-11.912***	0.036	-5.243*	-0.778	2.398	0.112	-1.647	1.483	-0.552
t+4	-2.242**	-14.154***	-0.663**	-5.907**	1.225*	3.623	0.154	-1.493	1.073	0.521
t+5	-0.959	-15.113***	-0.641**	-6.547**	0.297	3.920	0.566	-0.927	0.060	0.581
t+6	0.966**	-14.147***	-1.120**	-7.667**	-0.171	3.750	-0.560	-1.487	-0.314	0.267
t+7	-0.383	-14.530***	0.012	-7.655**	-0.692	3.058	0.254	-1.233	0.015	0.282
t+8	1.379	-13.150**	-0.083	-7.738**	-0.896	2.162	-0.414	-1.647	0.445	0.726
t+9	-0.343	-13.493**	0.199	-7.539**	0.411	1.751	-0.019	-1.666	-1.512	-0.786
t+10	-0.011	-13.504**	-0.216	-7.755**	0.170	1.921	-0.543	-2.209	-1.211	-1.997
t+11	0.157	-13.346**	-0.916*	-8.671**	-0.247	1.674	-0.276	-2.484	-0.865	-2.862
t+12	0.747	-12.600**	-0.102	-8.773**	0.190	1.864	0.149	-2.335	-1.360	-4.223
t+13	-0.269	-12.869**	0.289	-8.484**	0.138	2.002	-0.367	-2.702	-0.093	-4.316
t+14	-0.430	-13.298**	-0.400	-8.884**	0.059	2.060	0.412	-2.291	2.055	-2.260
t+15	0.193	-13.105**	0.320	-8.564**	1.373	1.373?	-1.067	-3.358	0.683	-1.577
t+16	0.124	-12.981**	-0.052	-8.616**	-0.687*	2.388	0.340	-3.018	-0.320	-1.897
t+17	-0.506	-13.487**	-0.159	-8.775**	1.015	2.388	-1.103	-4.121	3.403	1.505
t+18	0.562	-12.925**	-0.628*	-9.403**	-0.264	2.124	-0.802	-4.924	1.080	2.586
t+19	0.184	-12.741**	-0.279	-9.682**	0.427	2.551	-0.926	-3.997	-1.611	0.974
t+20	0.212	-12.529**	-0.177	-9.860**	0.136	2.336	-0.460	-4.457	0.545	1.520

*** は1％水準、** は5％水準、* は10％水準で有意であることを示す。(t検定)

(出所) 筆者作成

営業日から ACAR でマイナス傾向が続き，$t-2$ 営業日では，10% 水準で有意にマイナスの反応を示している。このことは製造物責任に関する不祥事は，発覚直前に市場参加者に何らかの不祥事に関する情報が漏れており，事前に市場参加者に知られていた可能性があると考えられる。

グループBは，グループAとは異なり，$t-2$ 営業日までは ACAR もプラスに推移していたが，イベント日以降には，ACAR は持続的かつ有意に負の値を示している。これは法令遵守に反した不祥事を起こした企業の株主は株式を保有することで，損失を被る可能性が高いことを示唆している。この結果は，小佐野・堀 (2006) と同様の結果を示しており，小佐野・堀 (2006) はこのような現象について「不正などの影響で業績が良好な会社だと思われて株価も堅調に推移していたのが，不正が発覚した結果，不正行為によるプレミアムが消滅しただけではなく，ディスカウントの効果が強く現れたと解釈できる。また，機関投資家の多くがこのケースでは売却に廻ると考えられることも，そのような株価変動を助長している。」(小佐野・堀，2006, p. 9) と説明している。本研究

図 3-2　不祥事内容別　平均累積異常収益率 (ACAR) の推移 (t-20－t+20)

A= 製造物責任にかかわる不祥事，B= コンプライアンス違反にかかわる不祥事，C= 特許問にかかわる不祥事，D= 生産拠点の損壊，E= 環境汚染に関する事件・事故

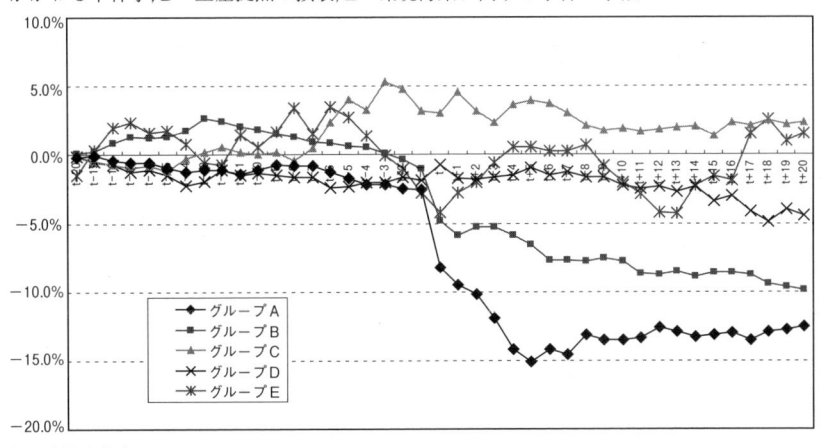

(出所) 筆者作成

による結果も同様に説明することが可能であろう。

　グループCは，特許問題に関する不祥事であるが，このグループは，イベント日前後でもACARは堅調に推移しており，イベント日以降もACARはマイナスになることはなかった。このことから，特許侵害などで提訴されることが株価に与える影響はほとんど無いと考えられ，特許侵害に関しての報道は，市場参加者には既に織り込みであった可能性が高い。

　また，グループEは環境汚染に関する不祥事であるが，イベント日の3日前から続落的にACARはマイナスの値を示しており，環境汚染に関する情報は，イベント日以前に市場の参加者に知られていたことが考えられる。イベント日では株価に負の大きな影響を与えているが，$t+4$営業日にはACARはプラスに回復し，また$t+9$から$t+16$営業日にはマイナスの値を示し，$t+17$営業日以降にはプラスの値を示している。環境汚染に関する不祥事の株価に与える影響についてはマイナスというよりはむしろプラスの反応であった。したがって，これらのグループCおよびE，つまり特許問題および環境汚染に関する不祥事の場合，不祥事発覚後にその企業の株式を購入することにより利益を得られる可能性があることは否定できないであろう。

　グループDについては，イベント日以前からマイナス傾向は続いており，イベント日においてもAARはプラスであり，イベント自体が与える影響は小さかった。イベント日に公表された生産設備の損壊という情報自体が，必ずしも株価に影響を与えている訳ではないことが確認できる。この傾向も小佐野・堀（2006）の推定結果と整合的である。しかし，グループDは，生産設備の損壊に関する不祥事であるが，イベント日以前の$t-20$営業日から，持続的にマイナスの傾向である。事前に市場参加者に対して，生産設備の損壊につながる情報が何らか漏れている可能性も否定できないが，他にマイナスの影響をもたらす別の情報がグループDの企業群には存在した可能性もあるため，追加的な情報に関する調査が必要である。

4.2. インプリケーション

推定結果の分析により，次のような示唆を得た。① 製造物責任・法令遵守に関する不祥事は，有意に負の影響を及ぼす。特に製造物責任・法令遵守が要因である不祥事を起こした企業の株式をもつことで株主に損害を与える可能性がある。② 製造物責任に関する不祥事では，発覚直前に市場の参加者に不祥事の情報が漏れており株価に負の影響を与える。③ 特許訴訟・環境汚染に関する不祥事の場合，不祥事発覚後にその企業の株式を購入することにより利益を得られる可能性があることは否定できない。この結果は，1990年から2000年の11年間に発生した不祥事を分析した小佐野・堀（2006）とほぼ同様の内容であり，1992年から2007年の15年間に発生した不祥事を扱った本研究と比較してみても，不祥事内容に対する市場の反応に大きな変化はないことを示唆している。

第5節　要因・影響別不祥事のイベントスタディ分析

5.1. 推定結果と分析

企業不祥事の要因・影響別分類に従い，グループを図3-1のように4つに分類し直し，イベントスタディによる推定を行った。グループⅠ.は行動情報が問題となるような規範逸脱行動を伴い，最終消費者に直接的な被害を与えるような不祥事である。グループⅡ.は，規範逸脱行動を伴う不祥事であり，最終消費者に直接的な影響を与えない類の不祥事である。グループⅢ.は規範逸脱行動を含まない事前の対策不備が製品・サービスなどの欠陥により消費者に負の影響を与える不祥事である。グループⅣ.は，製品・サービスに不備が存在する訳ではなく，消費者には直接的な影響はないが，生産拠点の火災や環境汚染等は地域住民に悪影響を与えたり，工場再建や環境対策等，企業・組織全体に影響を与えたりするような不祥事である。表3-3が推定結果である。

グループⅠ.は，規範逸脱行動のような組織行動に問題があり，それが最終

表3-3 要因・影響別 平均異常収益率 (AAR) と平均累積異常収益率 (ACAR)
($t-20 - t+20$)

単位:%

	グループI. N=(11)		グループII. N=(29)		グループIII. N=(16)		グループIV. N=(14)	
	AAR	ACAR	AAR	ACAR	AAR	ACAR	AAR	ACAR
$t-20$	-0.827%**	-0.827**	0.044	0.044	0.327	0.327	-0.136	-0.136
$t-19$	0.027	-0.800	0.403	0.446	0.178	0.505	0.233	0.097
$t-18$	0.214	-0.587	0.413	0.859	-0.307	0.198	0.023	0.121
$t-17$	-0.118	-0.705	0.275	1.135*	0.463	0.660	0.138	0.259
$t-16$	0.110	-0.595	0.020	1.155	-0.048	0.612	-0.084	0.175
$t-15$	-0.048	-0.643	-0.438	0.717	0.218	0.830	0.057	0.232
$t-14$	-0.268	-0.911	0.696*	1.413*	-0.183	0.647	-0.537	-0.305
$t-13$	0.104	-0.808	0.783	2.196**	0.321	0.969	0.123	-0.181
$t-12$	0.666	-0.142	-0.233	1.963*	-0.046	0.922	0.349	0.167
$t-11$	-0.190	-0.332	-0.463	1.500	-0.697	0.225	-0.184	-0.017
$t-10$	-0.147	-0.479	-0.156	1.344	0.411	0.637	0.251	0.235
$t-9$	0.199	-0.280	-0.253	1.091	0.249	0.886	0.261	0.496
$t-8$	-0.023	-0.303	0.102	1.192	-0.464*	0.422	-0.319	0.177
$t-7$	-0.009	-0.312	-0.360	0.833	0.018	0.439	-0.242	-0.065
$t-6$	-0.642	-0.954	-0.063	0.769	0.591	1.030	0.104	0.038
$t-5$	-0.147	-1.101	-0.159	0.610	-0.145	0.885	-0.106	-0.068
$t-4$	-0.868	-1.969	-0.325	0.284	0.040	0.925	-0.054	-0.122
$t-3$	-0.624	-2.593	-0.152	0.132	0.414	1.339	-0.124	-0.246
$t-2$	-0.856**	-3.449**	-0.208	-0.075	0.049	1.388	-0.171	-0.416
$t-1$	-1.260	-4.708**	-0.506	-0.581	-0.301	1.087	-0.529	-0.945
t	-12.186***	-16.894***	-3.258***	-3.839	-0.973**	0.114	-0.466	-1.412
$t+1$	-2.522	-19.416***	-1.261**	-5.100	0.652	0.766	0.192	-1.220
$t+2$	-1.544	-20.960***	0.825***	-4.275	-0.490	0.276	-0.321	-1.541
$t+3$	-2.210	-23.170**	-0.103	-4.378	-0.365	-0.089	0.009	-1.532
$t+4$	-3.874*	-27.044**	-0.456	-4.834	0.245	0.156	0.198	-1.334
$t+5$	-0.665	-27.709**	-0.688**	-5.521	-0.085	0.071	0.047	-1.287
$t+6$	2.766*	-24.943**	-1.044**	-6.566	-0.222	-0.151	-0.276	-1.563
$t+7$	0.010	-24.934**	-0.034	-6.599	-0.736	-0.887	-0.220	-1.783
$t+8$	1.761	-23.173**	-0.228	-6.828	0.182	-0.705	0.232	-1.551
$t+9$	-0.708	-23.880**	-0.061	-6.888	0.099	-0.605	-0.086	-1.637
$t+10$	-0.571	-24.451**	-0.068	-6.956	-0.065	-0.671	-0.143	-1.780
$t+11$	0.223	-24.229**	-0.697	-7.653*	-0.409	-1.080	-0.549	-2.329
$t+12$	0.670	-23.558**	-0.029	-7.683*	0.481	-0.599	-0.104	-2.433
$t+13$	-0.590	-24.148**	0.265	-7.418*	0.451	-0.148	0.053	-2.380*
$t+14$	-1.345	-25.492**	-0.204	-7.622*	0.022	-0.126	0.406	-1.973
$t+15$	0.570	-24.922**	-0.060	-7.681*	-0.008	-0.134	-0.327	-2.300
$t+16$	-0.145	-25.068**	-0.224	-7.905*	0.344	0.209	0.304	-1.996
$t+17$	-0.791	-25.858**	-0.285	-8.190*	0.278	0.487	0.186	-1.810
$t+18$	1.121	-24.737**	-0.264	-8.454**	-0.170	0.318	-0.141	-1.951
$t+19$	-0.363	-25.100**	-0.471	-8.925**	-0.243	0.075	-0.083	-2.034
$t+20$	-0.361	-25.461**	-0.306	-9.231**	0.826***	0.901	0.468*	-1.566

(出所) 筆者作成   *** は1%水準,** は5%水準,* は10%水準で有意であることを示す。(t検定)

消費者にも影響を与える類の不祥事であるが，グループⅠ．は，4つのグループの中でも株価に最も大きな負の影響を与えた不祥事であった。ACAR もイベント発生の5日後に -27.709% という最大の負の数値を示している。$t+5$ 営業日以降にはプラスに転じるものの，持続的ではないために回復するには長い時間が必要である。図3-4に示すように，イベント・ウインドウを20営業日拡げてみてもなかなか回復できていないことが分かる。グループⅠ．のような行動情報に問題があり，最終消費者に影響を与える不祥事は，最も大きな負の影響を与えることが確認された。また，グループⅠ．はイベント日より前から，マイナス傾向がみられるが，特に $t-2$ 営業日から統計的にも有意にマイナスの値を示すことから，不祥事発覚直前に市場の参加者に，不祥事の情報が漏れており株価に負の影響を与えている可能性がある。

　グループⅡ．は，イベント日より前は，プラスの値を示していたが，イベント日以降，持続的にマイナスの値を示しており，プラスに転じることは全くなかった。$t-2$ 営業日以降では統計的に有意にマイナス傾向を示している。図3-4のようにイベント・ウインドウを20営業日拡大してみても，連続的にマイナスが続いている。長期的に負の影響が続いていくのである。このタイプの不祥事は，不正行為による業績効果のプレミアムが消滅しただけではなく，企業として信頼できずに投資家は売却に廻ることが強く表れたと解釈することができよう。グループⅠ．およびグループⅡ．の不祥事は共に，規範逸脱行動を伴う組織の行動に問題があるタイプの不祥事であり，社会的規範を逸脱し，信頼関係やネットワークを崩壊させ，社会関係資本の毀損に影響を与える不祥事である。市場参加者は，組織の行動情報から社会関係資本を毀損していると評価し，負の反応を示している。各グループのマイナスの ACAR の数値は，社会関係資本を毀損した結果として表れた数値である。目に見える形で社会関係資本の毀損を表した数値であるといえよう。

　グループⅢ．は，イベント日でも正の ACAR の値を示しており，イベントの直接的な負の影響は小さい。また，$t+6$ 営業日にはマイナスの値を示すが，$t+16$ にはプラスに転じており，マイナス時の数値も -0.1% から -1.1% 台と

図 3-3　要因・影響別　平均累積異常収益率（ACAR）の推移（$t-20 - t+20$）

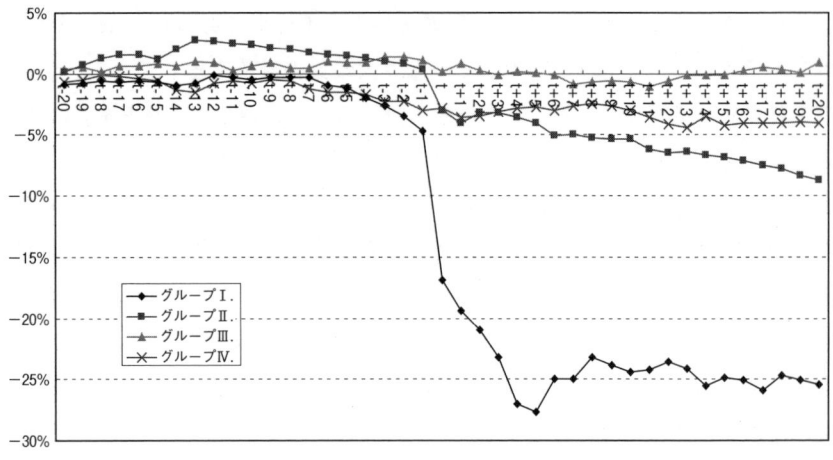

（出所）筆者作成

図 3-4　要因・影響別　平均累積異常収益率（ACAR）の推移（$t-20 - t+40$）

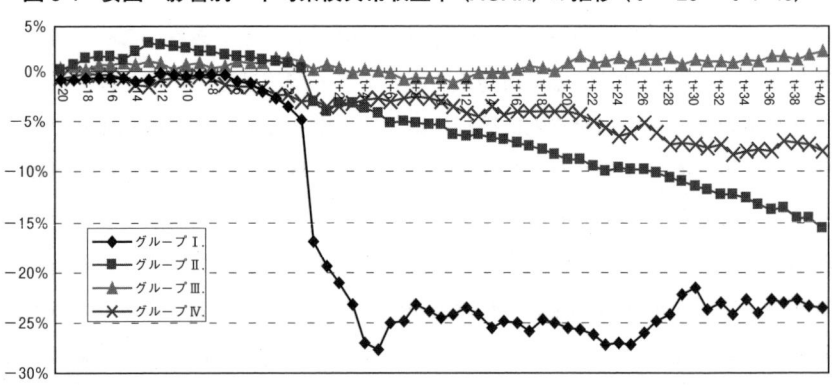

（出所）筆者作成

負の影響は小さい。図3-4のようにイベント・ウインドウを拡大してみると，$t+16$営業日以降は持続的にプラスの値を示している。このことは，製品・サービスの欠陥や設計ミスなどの対策不備に起因する属性情報に関する不祥事に対しては，市場参加者には既に織り込み済みであると考えることができるが，不祥事が発生した際に，謝罪，原因究明，再発防止策などの不祥事対応が滞りなくスムーズに対応できたことが市場参加者に評価されている可能性も存在する。グループⅢ.のような対策不備型の不祥事は，適切な対応を行いさえすれば，市場参加者はプラスの評価を適切に行う可能性は否定できない。製品・サービスの欠陥やミスなどはあってはならないことであるが，対策不備による失敗は市場参加者の許容の範囲内であり，適切に対応すれば負の影響は大きくなることは少ない。問題は嘘や偽装などの不法・不正による規範逸脱行動を伴う場合に，負の影響が大きくなるのである。対応不備型の不祥事でも，適切に不祥事の対応を行えば，社会関係資本が毀損していると評価される可能性は低いと考えられる。

　グループⅣ.は，イベント日以前からACARはマイナス傾向であり，イベント日当日も負の影響はイベント日前後と比較しても大きな変化はなく，直接的な不祥事の影響を受けていない。持続的に僅かながら負の影響を受けており，図3-4のようにイベント・ウインドウを拡げてみると，断続して負のACARの影響を受けていることが分かる。このグループは，対策不備型の不祥事であり，火災や事故などの生産設備の損壊や環境汚染など特に企業として重要な生産現場等に影響をもたらす場合が多い。グループⅣ.のような不祥事自体の情報は，直接的には株価に大きな影響を与えることはないが，火災・事故などの生産設備の復旧や，環境汚染された事業所の処理などには多くの時間と費用がかかることから，持続的に僅かながら負の影響がみられる。

　また，表3-4は，ACARを$t-1$営業日から$t+1$営業日まで，$t-10$営業日から$t+10$営業日まで，t日から$t+5$営業日まで，t日から$t+40$営業日までの間でそれぞれ示したものである。すべての期間で，グループⅠ.およびグループⅡ.は有意なマイナスの影響があったことが確認できる。特にグルー

表3-4 要因・影響別 イベント期間と平均累積異常収益率（ACAR）

期　間	グループⅠ. (N = 11)	グループⅡ. (N = 29)	グループⅢ. (N = 16)	グループⅣ. (N = 14)
ACAR $(t-1, t+1)$	−15.967%	−5.024%	−0.622%	−0.976%
t-statics	−3.5998***	−4.1774***	−0.8824	−1.0007
ACAR $(t-10, t+10)$	−24.120%	−8.456%	−0.896%	−2.513%
t-statics	−3.0494**	−3.8835***	−0.4025	−1.3029
ACAR $(t, t+5)$	−23.001%	−4.940%	−1.016%	0.414%
t-statics	−2.7139**	−3.4642***	−1.3066	0.4375
ACAR $(t, t+40)$	−18.867%	−10.497%	0.926%	−5.199%
t-statics	−2.1813*	−2.8054***	0.4164	−1.2373

***$P < 0.01$, **$P < 0.05$, *$P < 0.1$
（出所）筆者作成

プⅠ. は大きなマイナスの影響があることが確認された。また，グループⅡ. は $(t, t+40)$ の期間をみれば分かるように，長期になればなるほど有意なマイナスの影響が大きくなることが確認できる。グループⅢ. およびグループⅣ. については，有意な反応は示さなかった。しかし，グループⅢ. は $(t, t+40)$ の期間では有意ではないがプラスの反応を示しており，グループⅢ. の不祥事は，不祥事対応次第では，市場の評価は長期的にみればプラスに転じる可能性が存在することを示唆するものであろう。

5.2. インプリケーション

推定結果の分析により，次のような示唆を得た。① 規範逸脱行動に起因する不祥事（グループⅠ. およびグループⅡ.）は有意に株価に負の影響を与える。② 行動情報に問題があり，最終消費者を裏切るような不祥事（グループⅠ.）は，最も負の影響を与え，直ぐには株価も回復せず長期的に負の影響をもたらす。また，この不祥事は発覚直前に市場の参加者に，不祥事の情報が漏れており株価に負の影響を与えている。③ 企業・組織としての規範逸脱行動に起因する不祥事（グループⅡ.）は，長期的に株式をもち続けることで株主に損害を与える可能性が高まっていく。④ 製品に関する不良・欠陥（グループⅢ.）は，対応次第では株価に負の影響を与える可能性は少なく，むしろ長期的には株価の所

有で利益を得る可能性は否定できない。

　今回の実証結果からは，グループⅠ．およびグループⅡ．にみられるように，規範逸脱行動に起因する行動情報に問題のある不祥事は，有意に株式に負の影響を与えることが実証された。つまり，社会関係資本の毀損が，企業価値に多大な負の影響を与えるのである。また，同じ不祥事でも，製品不良・欠陥や設計ミスや対策ミスなどの対策不備型の不祥事については，イベント自体の直接的な影響はほとんどなく，不祥事発覚後の謝罪，原因究明，再発防止策などの対応を適切に行うことによって，むしろ市場からプラスに評価される可能性があるという結果を得ている。危機管理においては，組織の行動として規範逸脱行動をいかに起こさないような仕組みを作ることが重要であるが，万が一に不祥事が発覚した場合でも，その不祥事が，対策不備に起因する不祥事であれば，適切に対応を行うことで，危機をプラスに転換することも可能である。この不祥事の要因を見極めることが緊急時には重要であろう。

第6節　経営者の引責辞任と株式市場の反応

　前節までに不祥事の発覚をイベント日とするイベントスタディを行い，不祥事の発覚とその株価への影響を測定し，分析を行ってきた。様々な不祥事をサンプルにその株価パフォーマンスへの影響を考察してきた。

　不祥事を起こした企業は，その毀損した企業価値を回復するために，様々な信頼回復につなげる情報を発信している。謝罪，原因究明，再発防止策の発表など，その情報内容は様々であり，発表のタイミングも一様ではない。また，再発防止策などの発表を行ったとしても必ずしも新聞等の報道メディアに大きく掲載されない場合もある。しかしながら，経営者が不祥事の責任を取り，引責辞任を発表する場合には報道メディアで大きく取り扱われ，市場にも大きな影響を与えると考えられる。経営者の引責辞任には，現行経営役員の処分，後任人事，再発防止策を伴って公表されるケースが多く，不祥事の負の影響の回復策を講ずる第一歩とすることが可能である。本節では，毀損した社会関係資

本をどのように修復すべきかを考察する材料とするため，イベント日を，「経営者の引責辞任」公表日として追加的にイベントスタディによる実証を行っている。

6.1. 分析データ

本研究における1992年から2007年の不祥事イベントの70件のうち，不祥事が原因で経営者が引責辞任したケースを，再度，新聞記事により確認し，17件の不祥事をサンプルとして抽出した。新聞記事は朝日新聞記事データベース「聞蔵」を中心にして検索を行い，読売新聞記事データベース「ヨミダス文書館」も補完的に利用している。イベント日を，「経営者の引責辞任」公表日とし，

表3-5　経営者の引責辞任企業

No.	不祥事公表日	企業名	内容別	要因・影響別	不祥事内容	トップの辞任表明	不祥事公表から辞任までの日数
1	1993/ 7/14	キリンビール	B	Ⅱ.	総会屋への利益供与事件	1993/ 7/17	3
2	1996/ 6/ 9	高島屋	B	Ⅱ.	総会屋への利益供与事件	1996/ 6/ 9	0
3	1997/ 3/11	味の素	B	Ⅱ.	総会屋への利益供与事件	1997/ 4/11	31
4	1999/ 1/23	クボタ	B	Ⅱ.	水道管ヤミカルテル問題	1999/ 3/19	55
5	2000/ 6/30	雪印乳業	A	Ⅰ.	集団食中毒事件	2000/ 7/ 7	7
6	2000/ 7/27	三菱自動車	B	Ⅱ.	リコール隠し問題	2000/ 8/28	32
7	2002/ 2/28	三井物産	B	Ⅱ.	ODA利益供与	2002/ 9/ 3	187
8	2002/ 8/ 7	日本ハム	A	Ⅰ.	BSE国産牛肉偽装事件	2002/ 8/20	13
9	2002/ 8/30	東京電力	B	Ⅱ.	原子力発電所点検記録改ざん	2002/ 9/ 1	2
10	2003/10/26	日本テレビ	B	Ⅱ.	視聴率不正買収問題	2003/11/19	24
11	2003/11/15	武富士	B	Ⅱ.	盗聴電話問題	2003/12 /9	24
12	2005/ 3/ 2	日本航空	A	Ⅲ.	日航機無断離陸／安全トラブル	2005/ 5/10	69
13	2005/ 5/19	小田急電鉄	B	Ⅱ.	有価証券報告書虚偽記載	2005/ 5/31	12
14	2007/ 1/12	不二家	A	Ⅰ.	賞味期限切れ原料使用	2007/ 1/16	4
15	2007/10/31	ニチアス	A	Ⅰ.	対火壁性能偽装	2007/12/ 1	31
16	2007/11/ 6	東洋ゴム工業	A	Ⅰ.	対火壁性能偽装	2007/11/30	24
17	2007/11/22	栗本鐵工所	A	Ⅰ.	橋梁型枠強度改竄	2007/12/ 6	14

(出所) 筆者作成

先の実証研究同様に，イベントが休祭日であるために東京証券取引所での市場取引が行われていない場合には，新聞記事に掲載された日の最も直近の営業日がイベント日となるように調整を行った。

辞任企業17件の内訳としては，表3-5に示す通りであるが，先の実証研究における要因・影響別のグループ分類では，グループⅠ．が6件，グループⅡ．が10件，グループⅢ．が1件となった。結果的には，17件中16件が，規範逸脱行動を要因とする不祥事であり，行動情報が問題となった場合（社会関係資本が毀損した場合）には，引責辞任せざるを得ない事態に発展する可能性が高いことを示唆している。グループⅢ．の1件は日本航空であり，整備ミスや運航規定違反など事前の対策が不十分であったが，ミスが連続してトラブルが重なり，不信が募ったことから会長が辞任に追い込まれている。

イベント・ウインドウは，特にイベント日以降の影響を考察するためにイベント日以前は10営業日およびイベント日以後について40営業日としている。経営者の引責辞任後の長期的な影響を見るためイベント日以降のウインドウを40営業日に設定することとした。また，正常リターンの推計期間は，イベント前の100営業日からイベント日の前日までの100営業日間としている。イベント日の前日までの100営業日間で正常リターンの推計を行うことにより，それぞれの不祥事によるマイナスの影響は，正常リターンの推計期間に織り込まれることになる。

6.2. 引責辞任企業の推計結果と分析

表3-6が引責辞任企業の推定結果である。全辞任企業を見てみれば分かるように，イベント後の$t+3$営業日からAARがプラスに転じて，6営業日程度持続的に有意に正の値が続いている。ACARも$t+40$営業日までみれば右肩上がりで回復している。不祥事の要因・影響別分類により，グループⅠ．とグループⅡ．に分類してみても，同様の傾向であった。これは，引責辞任によって不祥事にけじめをつけて再出発を図ることが市場参加者から評価を得ており，株価に対しては正の影響を与えるのである。引責辞任の情報は，直ぐには市場

表 3-6 辞任企業の平均異常収益率 (AAR) と平均累積異常収益率 (ACAR)
($t-10-t+40$)

単位:%

	全辞任企業 N = 17		グループⅠ. N = 6		グループⅡ. N = 10	
	AAR	ACAR	AAR	ACAR	AAR	ACAR
$t-10$	1.368	1.368	1.818	1.818	1.163	1.163
$t-9$	-0.291	1.076	-0.061	1.757	-0.396	0.767
$t-8$	-3.105^*	-2.029	-8.602	-6.844	-0.607	0.160
$t-7$	-1.100	-3.129	-3.658	-10.502	0.062	0.222
$t-6$	-1.725^*	-4.854^*	-3.998	-14.499^*	-0.693	-0.470
$t-5$	-0.895^*	-5.749^*	-2.424^*	-16.923^*	-0.200	-0.670
$t-4$	-1.613	-7.362^{**}	-3.442	-20.364^{**}	-0.782	-1.452
$t-3$	0.019	-7.343^{**}	0.973	-19.391^{**}	-0.414	-1.866
$t-2$	-1.346	-8.689^{**}	-2.957	-22.349^{**}	-0.614	-2.480
$t-1$	-0.756	-9.446^{***}	-0.592	-22.940^{***}	-0.831	-3.312^*
t	-0.861	-10.307^{***}	-0.154	-23.095^{***}	-1.183	-4.494^*
$t+1$	-0.062	-10.369^{***}	0.481	-22.613^{***}	-0.309	-4.804
$t+2$	-0.722	-11.091^{***}	-0.799	-23.412^{***}	-0.687	-5.491^*
$t+3$	-1.368^{***}	-12.459^{***}	-2.611^{**}	-26.023^{***}	-0.802	-6.293^*
$t+4$	1.500^{**}	-10.959^{***}	3.737^{**}	-22.286^{***}	0.483	-5.810^*
$t+5$	0.728	-10.231^{***}	1.169	-21.117^{***}	0.488	-5.322
$t+6$	0.788	-9.443^{***}	0.537	-20.580^{**}	0.925	-4.398
$t+7$	1.516	-7.927^{***}	2.632	-17.948^*	0.907	-3.490
$t+8$	0.643	-7.283^{***}	0.975	-16.973	0.462	-3.028
$t+9$	0.924	-6.359^{***}	2.039	-14.934	0.317	-2.711
$t+10$	-0.499	-6.858^{***}	-0.966	-15.900	-0.245	-2.956
$t+11$	-0.307	-7.166^{***}	-0.848	-16.748^*	-0.012	-2.969
$t+12$	-0.392	-7.558^{***}	0.627	-16.121^*	-0.948^*	-3.916
$t+13$	-1.158	-8.716^{***}	-1.396	-17.517^{**}	-1.029	-4.945
$t+14$	-0.210	-8.926^{***}	-0.727	-18.244^{**}	0.073	-4.873
$t+15$	-0.020	-8.945^{***}	0.301	-17.943^{**}	-0.194	-5.067
$t+16$	1.405	-7.541^{***}	1.906	-16.037^*	1.131	-3.936
$t+17$	0.257	-7.284^{**}	0.198	-15.839^*	0.289	-3.647
$t+18$	-1.132^{**}	-8.416^{**}	-1.803	-17.642^{**}	-0.766	-4.413
$t+19$	0.618	-7.798^{**}	0.928	-16.714^{**}	0.449	-3.964
$t+20$	0.419	-7.379^{**}	0.489	-16.225^*	0.381	-3.583
$t+21$	-0.566	-7.944^{**}	-1.802	-18.027^{**}	0.108	-3.474
$t+22$	-0.013	-7.957^{**}	-0.934	-18.962^{**}	0.490^*	-2.984
$t+23$	0.262	-7.695^{**}	0.643	-18.319^{**}	0.055	-2.930
$t+24$	0.571	-7.124^{**}	-0.474	-18.792^{**}	1.141	-1.789
$t+25$	0.242	-6.882^{**}	1.657	-17.136^{**}	-0.529	-2.318
$t+26$	-0.865	-7.747^{**}	-2.152	-19.287^{**}	-0.163	-2.482
$t+27$	-0.369	-8.115^{**}	-0.631	-19.918^{**}	-0.226	-2.707
$t+28$	0.773	-7.342^{**}	2.533	-17.385^*	-0.187	-2.894
$t+29$	0.208	-7.135^{**}	0.638	-16.747^{**}	-0.027	-2.922
$t+30$	0.241	-6.894^{**}	-0.198	-16.944^{**}	0.481	-2.441
$t+31$	0.024	-6.869^{**}	0.568	-16.377^{**}	-0.272	-2.713
$t+32$	-0.501	-7.371^{***}	0.705	-15.671^*	-1.160	-3.873
$t+33$	0.171	-7.199^{**}	0.752	-14.919	-0.146	-4.018
$t+34$	1.452	-5.747^{**}	3.580	-11.339	0.291	-3.727
$t+35$	1.264^{**}	-4.484	1.154	-10.186	1.324^{**}	-2.403
$t+36$	-1.485^*	-5.969^*	-3.472^*	-13.658	-0.401	-2.804
$t+37$	0.785	-5.184^*	1.523	-12.135	0.382	-2.423
$t+38$	-0.589	-5.773^*	-1.300	-13.444	-0.196	-2.619
$t+39$	0.573	-5.201	0.657	-12.787	0.526	-2.092
$t+40$	0.099	-5.101^*	0.794	-11.993	-0.279	-2.371

*** は 1 %水準, ** は 5 %水準, * は 10%水準で有意であることを示している.
(出所) 筆者作成

図 3-5　辞任企業の平均累積異常収益率 (ACAR) の推移 ($t-10-t+40$)

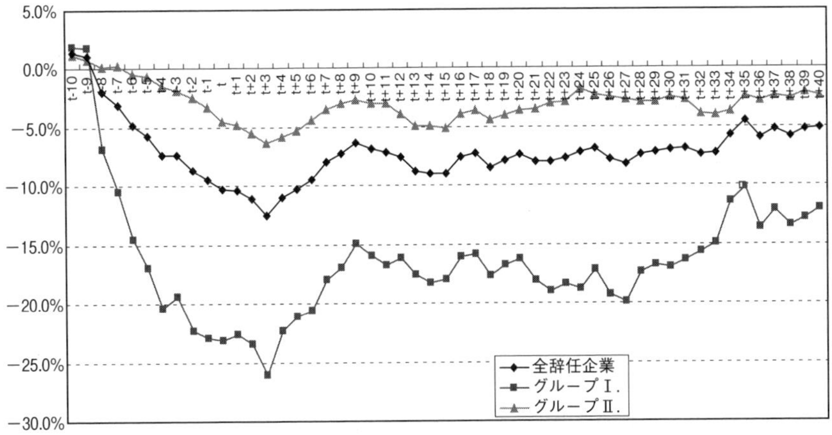

(出所) 筆者作成

　は反応しないが，4営業日ほどで情報が精査され，正の評価を与えている。
　また，図3-5からも分かる通り，特に規範逸脱行動を伴い，最終消費者に影響をあたえた不祥事グループ (グループI.) は，引責辞任を発表することにより，$t+3$営業日にはACARが-26.023%と最大の負の影響があったが，$t+35$営業日ではACARは-10.186%と約30営業日の間で有意に15.0%以上もACARが回復しており，長期的には株価に正の影響を与えるのである。引責辞任の発表とともに不祥事にけじめをつけ，再発防止策を公表することで，消費者からも評価を得ていると市場参加者も判断したと考えられる。引責辞任にみられるように，けじめをつけた形での再起が，毀損した社会関係資本を回復する第一歩となるのである。
　まとめれば，推定結果の分析により，次のような示唆を得た。①引責辞任は，株価に正の影響を与える。ただし，直ぐには株価に影響を与えず，4営業日後からその影響がみられた。②特に，規範逸脱行動を伴い最終消費者に影響をあたえた不祥事グループ (グループI.) の引責辞任は，長期的に株価に正の影響を与える。

6.3. 辞任時期による推計結果と分析

　不祥事の発覚により，引責辞任を公表するタイミングが問題となる場合が多い。早々に責任を取ってけじめをつけ辞任する経営者もいれば，不祥事に最後まで対応するために辞任を決めない経営者も存在する。本節では，引責辞任公表の時期によって株価の影響に違いがあるのか検証を行った。不祥事発覚から30日未満に引責辞任を発表したサンプルを「短期」，不祥事発覚から30日以上で引責辞任を発表したサンプルを「長期」として不祥事を分類し，本節で行ったのと同様の手法でイベントスタディを行った。

　表3-7が辞任時期による推定結果であり，図3-6は辞任公表までに短期間だった企業群の平均累積異常収益率（ACAR）の推移を表したものであり，図3-7は辞任公表までに長い時間のかかった企業群の平均累積異常収益率（ACAR）の推移を表したものである。「短期」，「長期」ともに$t+4$営業日以降から，有意にACARが回復傾向になっているが，両者には大きな違いがみられる。図3-7で顕著に示されているが，「長期」では，$t+10$営業日にはACARが2.834％となるまで一時的には大幅にプラスに回復するが，$t+11$営業日からは有意に負の数値になっており，ACARも低迷し続ける結果となった。「長期」では，引責辞任の公表に至るまでの時間が長かったこともあり，引責辞任の公表は一時的には株価にもプラスの影響を与えている。しかし，不祥事が発覚してから長い時間がかかっており，時間が長い分だけ，そのダメージは大きいために，ACARは低迷したと考えられる。

　一方，「短期」では$t+4$営業日以降，有意にACARは持続的な回復傾向にあることが分かる（図3-6）。長期的にみれば，市場はダメージが拡大する前にできるだけ早くに引責辞任を公表（または再発防止策を公表）する方が，その対応を評価している可能性を示唆している。

　推定結果の分析により，次のような示唆を得た。① 30日未満の「短期」に引責辞任を表明し，早期にけじめをつけることで，持続的に株価に正の影響を与える可能性がある。② 30日以上経ってから引責辞任を発表することで，一

表 3-7 辞任時期別 平均異常収益率 (AAR) と平均累積異常収益率 (ACAR) ($t-10-t+40$)

単位:%

	短期 N=11		長期 N=6	
	AAR	ACAR	AAR	ACAR
$t-10$	0.023	0.023	3.609	3.609
$t-9$	0.208	0.231	-1.123	2.486
$t-8$	-3.241	-3.010	-2.878	-0.393
$t-7$	-2.097	-5.107	0.560	0.168
$t-6$	-1.606	-6.713	-1.925**	-1.757*
$t-5$	-1.056	-7.769	-0.627	-2.384*
$t-4$	-2.564	-10.332**	-0.028	-2.412**
$t-3$	-0.557	-10.889**	0.979	-1.433**
$t-2$	-1.648	-12.537**	-0.843	-2.276**
$t-1$	-1.089	-13.626***	-0.202	-2.478***
t	0.714	-12.912***	-3.487	-5.965***
$t+1$	0.221	-12.691***	-0.534	-6.500***
$t+2$	-0.109	-12.800***	-1.743**	-8.243***
$t+3$	-1.024*	-13.824***	-1.940*	-10.183***
$t+4$	1.717*	-12.107***	1.138	-9.045***
$t+5$	-0.023	-12.130***	2.106	-6.939***
$t+6$	0.257	-11.873**	1.760	-5.179***
$t+7$	-0.382	-12.255**	4.996	-0.183***
$t+8$	0.159	-12.096**	1.532	1.349***
$t+9$	1.060	-11.036**	0.675	2.024***
$t+10$	-1.214	-12.250***	0.810	2.834***
$t+11$	1.372	-10.878**	-3.385	-0.550***
$t+12$	-0.466	-11.344***	-0.257	-0.808***
$t+13$	-0.120	-11.464***	-3.062	-3.869***
$t+14$	-0.457	-11.921***	0.243	-3.626***
$t+15$	0.454	-11.466***	-0.888	-4.515***
$t+16$	0.459	-11.007**	3.139	-1.376***
$t+17$	0.401	-10.607***	-0.008	-1.384**
$t+18$	-0.414	-11.021***	-2.449*	-3.833**
$t+19$	0.012	-11.009***	1.730	-2.103**
$t+20$	0.064	-10.945***	1.071	-1.032**
$t+21$	0.049	-10.896**	-1.692	-2.724**
$t+22$	-0.366	-11.263**	0.636	-2.088**
$t+23$	0.471	-10.791**	-0.121	-2.209**
$t+24$	0.559	-10.233**	0.593	-1.616**
$t+25$	1.368	-8.865*	-1.822	-3.438**
$t+26$	-0.795	-9.659**	-0.994	-4.431**
$t+27$	-0.514	-10.174*	-0.101	-4.533**
$t+28$	0.765	-9.409*	0.787	-3.745**
$t+29$	0.533	-8.876*	-0.388	-4.133**
$t+30$	0.028	-8.848*	0.631	-3.502**
$t+31$	0.170	-8.678*	-0.242	-3.744**
$t+32$	-0.239	-8.917*	-0.983	-4.727**
$t+33$	0.142	-8.775*	0.225	-4.502**
$t+34$	2.173	-6.602	0.129	-4.373*
$t+35$	1.580**	-5.022	0.684	-3.689
$t+36$	-1.978*	-6.999	-0.582	-4.271*
$t+37$	0.752	-6.247	0.844	-3.427*
$t+38$	-0.332	-6.578	-1.061	-4.488*
$t+39$	0.720	-5.858	0.302	-4.186
$t+40$	0.081	-5.777	0.133	-4.053*

*** は 1 % 水準,** は 5 % 水準, * は 10% 水準で有意であることを示している。
(出所) 筆者作成

図 3-6　辞任表明までに短期間の企業群の ACAR 推移（$t-10 - t+40$）

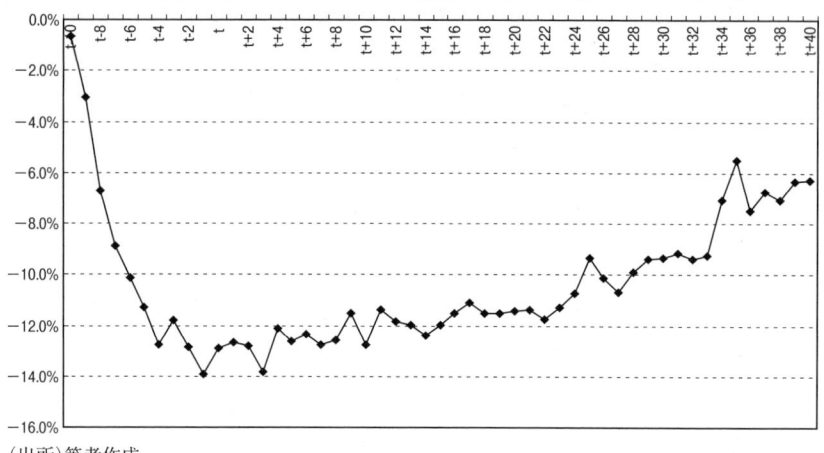

(出所) 筆者作成

図 3-7　辞任表明までに長期間の企業群の ACAR 推移（$t-10 - t+40$）

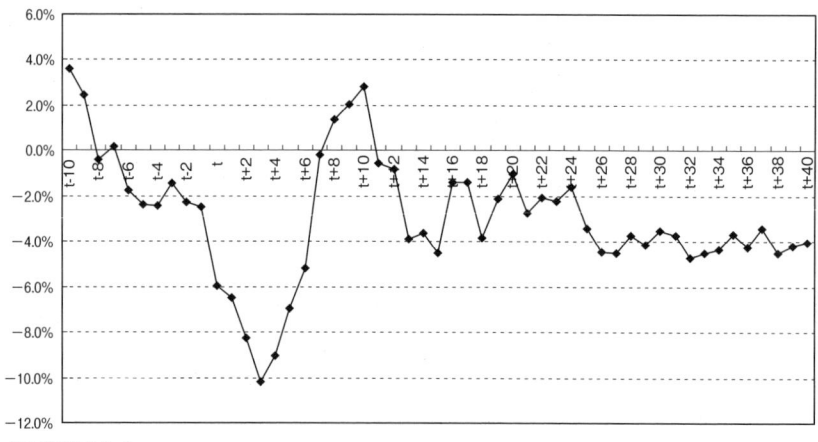

(出所) 筆者作成

時的には株価に正の影響を与えるが，その後，負の影響が続き，なかなか回復することが難しい可能性がある。これらの結果から，早期にけじめをつけた方が無難であることが，株価パフォーマンスの回復の観点から示唆されたといえよう。

第7節　イベントスタディからのインプリケーション

　企業不祥事の発生と株価の関係をイベントスタディ手法により分析することで，社会関係資本の毀損と考えられる市場の評価について実証を行った。

　内容別不祥事のイベントスタディ分析によれば，製造物責任に関する不祥事およびコンプライアンス問題に関する不祥事については，株価に対して有意にマイナスの影響を及ぼした。先行する小佐野・堀（2006）の実証研究と同様の結果を得ている。しかし，要因・影響別に不祥事を分類してイベントスタディを行い分析してみると，同じ製造物責任にかかわるような不祥事の場合でも，「規範逸脱行動」型の不祥事と「対策不備」型の不祥事では株式市場の反応に違いがあることが新たに確認された。「規範逸脱行動」型の不祥事は，株価に対して有意にマイナスの影響を与えているのに対し，「対策不備」型の不祥事では，マイナスの影響を与えることは少なく，むしろその不祥事に，対応によってはプラスの影響を与える可能性があるとの示唆を得た。つまり，株価に負の影響を与える不祥事は，規範逸脱行動を伴う不祥事であり，社会関係資本を毀損させている可能性のある不祥事である。社会関係資本は，組織の行動情報に影響を受けるが，規範逸脱行動が社会関係資本を毀損させる主要な要因になるのである。

　暗黙的な規範を含め，社会規範を逸脱するような行動を伴っていなければ，商品の欠陥や設計ミスなどの属性情報に関するマイナス情報が市場に流れたとしても，市場参加者はそれを受容し，株主価値を毀損させることはない，むしろ長期的には株式の所有で利益を得る可能性は否定できないのである。「対策不備」型の不祥事であれば，株価にマイナスの影響を与えることは少ないこと

が考えられる。「対策不備」型であっても，先行研究では製造物責任に関する不祥事として同じカテゴリーで内容別に分類されてきたが，同じ製造物責任に関する不祥事でも，規範を逸脱しているか否かという行動情報により，決定的な違いがあることが示唆されたのである。

反対に，規範逸脱行動を伴う不祥事の場合には，市場の反応は厳しく，社会関係資本の毀損は著しい負の結果となる。長期的にみても，規範逸脱行動を伴うような不祥事の株式を所有することは，株主に大きなマイナスの影響をもたらすことが予想される。法律や条例のような明示的，あるいは社会倫理のような暗黙的なものであるにもかかわらず，規範を逸脱しないことが効率的な企業行動を行う上では必要不可欠であり，規範を遵守できない企業は市場から退出または縮小させられることが明示された。

また，万が一に不祥事を起こした場合の対応としては，いずれにせよ謝罪すべきは謝罪し，短期間のうちに，けじめをつけ，再発防止策等を公表することが望まれる。本研究では，不祥事を起こした企業の経営者が引責辞任（または再発防止策）を公表する日をイベントとして，イベントスタディを行ったが，短期間の間に素早く辞任を発表し，再発防止策を公表した方が，長期的にみれば株価を回復する可能性があるとの示唆を得た。

上記の結果から得られるクライシス・マネジメントへの示唆としては，次のようなことであろう。対策不備型の不祥事が発生した場合に，その不祥事の対応如何では，市場は規範逸脱行動を伴った不祥事に移行し，被害を拡大させる可能性があるということである。例えば，欠陥商品が発見されたにもかかわらず，その事実を隠蔽したり，虚偽の報告をしたり，誠実な対応を取らなかったり，長い時間放置したりなど，社会的倫理の観点からも規範を逸脱している場合には，規範逸脱行動を伴う不祥事として評価を受けることになる。つまり，不祥事発生後の対応が極めて重要であることを示唆している。組織内部で是認されていることが，社会的には規範を逸脱している場合が往々にしてある。規範を逸脱しているか否かの最終判断は経営者しかできない。自社の経営理念に照らし，社会的な暗黙的規範を含めて，規範に沿った組織行動を指揮するのは

経営者の役割なのである．

　もちろん，欠陥商品を産み出さないようなミスを最小限にする仕組みを作り上げることは経営者の重要な仕事である．しかし，企業の製品やサービスはいかなるものであっても，人間が生産している限りにおいてはミスは起こりうる．たとえ，欠陥商品を出してしまっても，市場が望んでいるものは，ミスをしたことに対する誠実な対応なのである．組織行動に疑義を生じさせない規範に沿った対応を市場は評価するのである．それが短期のうちにできれば，市場はそのことをより評価するであろう．

注

39) ここでの特許訴訟は，事前に特許データに関する確認を怠り，相手側から訴えられるようなケースを想定している．当然，故意に他者の特許を侵害する行為は，規範逸脱行動である．

40) 不祥事が発生した場合は，大幅な需給の偏向や過当投機を招くため，証券取引所で値幅が制限されることがある．制限値段まで株価が下がる「ストップ安」の場合は，本来の異常収益率が正しく表現されていない可能性があることを十分に踏まえる必要がある．

第 4 章 ケース・スタディ①（雪印乳業）

第1節　分析の限界とケース・スタディ

　前章では，企業不祥事における株式市場の反応を推定することにより，社会関係資本の毀損について分析・検討を試みた。しかしながら，前章のような議論だけでは，現象の奥深くまで踏み込んだインテンシブな調査は不可能である。その問題を克服する調査方法がケース・スタディである。咲川（1998）によれば，ケース・スタディの長所・短所について，次のように指摘している。ケース・スタディは，① 少数のケースについて奥深い分析が可能，② 実態や因果関係について全体像を提供することが可能，③ 時系列的・歴史的な動きや変化を捉えることができる等の長所がある。[41] しかし，その反面，① 研究で得られた発見事実がどの程度一般性をもつかは不確定，② 研究者の恣意的判断が介入しやすいといった短所をもっている。[42] このようにケース・スタディには長所，短所がある。企業不祥事には様々な事例が存在するが，ケース・スタディにより個別の不祥事の実態や因果関係を整理することで，全体像やその経緯を捉えることができるはずである。それらのケースに当てはめて，詳細なケースと株価の反応を分析することで，さらに研究を進展することが可能である。

　そこで，近年に起こった企業不祥事の事例として，本研究では2つのケース・スタディを取り上げることとした。1つ目は，2000年の雪印乳業株式会社（以下，雪印乳業）による集団食中毒事件。2つ目は，2005年の松下電器産業株式会社（以下，松下）によるFF式石油温風器一酸化炭素中毒事故である。両者をケース・スタディの対象として選んだのは次のような理由からである。

まずは,雪印乳業の集団食中毒事件である。この雪印乳業の不祥事は,2000年以降,企業に対する消費者の監視の目が一層厳しくなる発端となった企業不祥事であり,企業の危機対応については非常に示唆に富む事例である。危機管理において,危機の対応方法に注目が高まるきっかけとなった事例であると考えられる。また,筆者が所在している北海道発祥の企業としても大変関心があった。この事件は1万4,849名が発症するという大規模な食中毒であり,甚大な被害をもたらした。しかし,この事件は,決して悪意で引き起こされたわけではなく,後になって判明したことではあるが,結果的には大樹工場の停電事故が引き起こした対策不備が発端であった。しかし,ここまで被害が拡大し,雪印乳業のブランドが毀損したのは,情報のやり取りが不十分なために社会関係資本が毀損されたということにその一部は起因するはずである。事実情報の把握ができなかったために,市場から規範逸脱行動とみられてしまったのである。的確に事実情報を把握し,危機対応を適切に行っていれば,状況は変わっていたかもしれない[43]。

次に,松下によるFF式石油温風器一酸化炭素中毒事故である。この事故は対策不備型の不祥事であるが,これ以降の対策不備型の不祥事における危機対応のモデルケースとなっているといってもよいであろう。このFF式石油温風器一酸化炭素中毒事故により2名の尊い命が奪われたが,その後の危機対応とクライシスコミュニケーションにより毀損された「松下」ブランドも回復し,業績も回復している。危機対応において,成功した部類のケースに属するものであろう。

これからケース・スタディとして,本章では雪印乳業の集団食中毒事件を,第5章では,松下のFF式石油温風器一酸化炭素中毒事故を取り上げる。これらのケース・スタディを通じて,前章で議論した企業不祥事と株式市場の反応について,詳細にどのような情報内容で株価はマイナスに反応し,毀損された株価を回復させる情報内容はいかなるものであるのかを検証することが目的である。

なお,これらのケース・スタディは,新聞,雑誌,文献,資料,同社提供の

インターネット・ホームページといった二次情報を中心に客観的にまとめているが，一部担当者にヒアリングした内容を盛り込んで提供している。

第2節　雪印乳業集団食中毒事件の概要

　本章で取り上げるのは，業界最大手企業による戦後最大の14,849名[44]という発症者数を出した食中毒事件として大きな社会問題となった雪印乳業の集団食中毒事件である。これまでの業界最大手のトップブランド企業として雪印乳業は不動の地位を築いていたが，この不祥事の発生によりトップブランドとしての地位を明治乳業に奪われ，業界3位に転落した。後日判明したことであるが，この事件の出発点は，大樹工場の屋根から氷柱が落ちたことが原因の停電である。その停電の影響で，黄色ブドウ球菌の毒素であるエントロトキシンが産出されたという対策不備型の不祥事が原因であった。

　しかし，事件の根本原因が問題というよりは，むしろ危機発生後の経営陣による対応ミスや不手際が事件を混乱させ，問題を深刻化・長期化させる結果を招いたのである。危機対応・クライシスコミュニケーションいう観点において実に多くの示唆を与えた事件であるといえよう。事件の主な経過と雪印乳業の対応をまとめたものが表4-1である[45]。

　事件を大きく分類すると3つの段階に分類される。第1段階は，食中毒症状の第1通報から始まって，当時の社長である石川哲郎氏が引責辞任を表明する2000年6月27日から7月6日までの間である。この第1段階における危機管理マネジメントの欠如や事実情報の錯綜状態が原因で，後々までブランド資本が毀損する状態が長く続いた。

　第2段階は，乳製品の返品利用問題の発覚とそれに伴う第三者機関や厚生労働省からの「安全宣言」が出される2000年7月10日から8月2日までの間である。この期間は食中毒への対応問題に加えて，業界慣行であった返品再利用問題が発覚し，大きな社会的非難を浴びた。すべての市乳工場を閉鎖し，総点検をして再起を図らなければならなくなった時期である。

表 4-1 雪印乳業集団食中毒事件の主な経過

	状況	雪印乳業の対応
2000/ 3/31		・雪印大樹工場で停電事故発生。
2000/ 6/21		・大阪工場に，大樹工場の脱脂粉乳が入荷。
2000/ 6/21～28		・大樹工場の脱脂粉乳を用いて，乳製品を製造した。
〈第1段階〉		
2000/ 6/27 第一通報	・「雪印低脂肪乳」を飲んだ大阪市内の1家族が嘔吐，下痢等の食中毒様の症状を呈している旨医療機関から大阪市保健所に届出。	
2000/ 6/28 株主総会	・同様の事例が2件あることが判明したため，大阪市は雪印大阪工場に緊急立入検査を行い，夜に製品回収を指示。	・同日は札幌での雪印株主総会のため社長以下幹部は不在であったため協議できず大阪市の指示は実現されなかった。
2000/ 6/29	・16：00 大阪市が事実を公表。	・雪印は夜に流通在庫の自主回収を開始。 ・21：45 西日本支社長が緊急に記者会見を開催。記者からは回収の遅れや消費者への告知，記者会見の遅さを指摘され「認識が甘かった」と詫びた。
2000/ 6/30	・和歌山市衛生研究所が，患者の飲み残し品から黄色ブドウ球菌毒素遺伝子を検出。大阪市が食品衛生法に基づく製品の回収命令を発令。発症者は3,700名越える。	
2000/ 7/ 1	・厚生労働省と大阪市が，大阪工場に立入検査。	・雪印は西日本支社で石川哲郎社長が初めて出席して謝罪会見を行う。席上原因を問われた石川社長が「洗浄の確認が甘いと言われれば，ミスと認めざるを得ない」と答える脇で工場長が「バルブに乳固形分があった」と答えたため社長が「君，それは本当か？」と絶句。
2000/ 7/ 2	・大阪府立公衆衛生研究所が，患者の飲み残し品から，黄色ブドウ球菌毒素（エンテロトキシンA型）を検出。 ・大阪市が雪印大阪工場の無期限営業停止処分を発表。 ・名古屋市衛生研究所の検査で，「雪印低脂肪乳」5検体についてセレウス菌毒素（嘔吐型）陰性を確認。	・雪印は大阪工場製全製品の回収を行うこととなり，大手スーパーの雪印製品販売中止の動きも拡大した。

2000/ 7/ 4	・大阪市は，新たに乳飲料2種類「雪印毎日骨太」「雪印カルパワー」を回収命令措置。	・大阪工場の全製品59品目86種類を自主回収することを発表。 ・対応の遅れを問われて，「何て言うのか，見逃してしまった」「いつもクレームは何百万個に一個はある」「黄色人種や黒人には牛乳を飲んで具合が悪くなる人は一定数いる」と答えた。 ・進退問題については「考える心境にない」と答えた。 ・記者会見を切り上げようとし記者団にもみくちゃにされた石川社長の「私だって寝ていないんだ」発言も，被害者無視の表れと取られて雪印への反感を煽る一因となった。
2000/ 7/ 5	・被害者が1万人を超えて事態は未曾有の食中毒事件に発展。	
2000/ 7/ 6		・石川哲郎社長が引責辞任を表明。
〈第2段階〉		
2000/ 7/10	・大阪市が牛乳や加工乳の返品再利用を公表。	・西日本須永靖夫支社長は，「初耳。あるはずがない，信じられない。」と返品再利用を否定していたが，翌11日にはこの事実を認めた。
2000/ 7/11		・全国の市乳20工場の操業を自主的に停止すると発表。(当初予定されていた記者会見は5時間以上遅れて，22：00過ぎに会見)
2000/ 7/13	・大阪市が感染源を雪印大阪工場のバルブではないと断定。	
2000/ 7/14	・厚生労働省が雪印大阪工場のHACCP承認を取消す。	
2000/ 7/18		・5施設について自主点検後の第三者機関による検証を実施(福岡，神戸，名古屋，東京，札幌)。
2000/ 7/19	・厚生労働省が雪印乳業工場5施設について，担当官による現地調査を開始(〜20日)。(福岡，神戸，名古屋，東京，札幌)	・5施設について自主点検後の第三者機関による検証を実施(青森，野田，厚木，京都，広島)。
2000/ 7/21		・5施設について自主点検後の第三者機関による検証を実施(日野，仙台，花巻，愛知，倉敷)。
2000/ 7/22	・厚生労働省が雪印乳業工場5施設について，担当官による現地調査を開始(〜23日)(青森，野田，厚木，京都，広島)。	・5施設について自主点検後の第三者機関による検証を実施(北陸，静岡，新潟，都城，高松)。

2000/ 7/25日	・厚生労働省が調査した10施設（青森，野田，厚木，京都，広島，福岡，神戸，名古屋，東京，札幌）については，HACCPプランにおいて指摘される点はあるものの，食品衛生上は重大な問題はなかったことを確認。操業開始を認める。	
2000/ 7/28		・石川哲郎社長の辞任，西紘平常務の新社長昇格人事を役員会で決定。
2000/ 8/ 2	・厚生大臣が，雪印乳処理施設の安全性確認について会見を行う。	
〈第3段階〉		
2000/ 8/ 4		・西紘平新社長が就任会見。5項目の改善策を発表。①大阪にお客様ケアセンターの設置，②フリーダイヤル年中無休体制の確立，③社長直轄新組織「商品安全監査室」の設置，④製品再利用の禁止，⑤製品に工場名の記載。
2000/ 8/18	・大阪市が大樹工場の脱脂粉乳から黄色ブドウ球菌の毒素の検出を公表。	
2000/ 8/19	・北海道が大樹工場を立ち入り検査。	
2000/ 8/22	・北海道は，雪印大樹工場に関する調査結果を公表。(1)3/31日に停電事故があり，異常な温度帯で原乳が長時間滞留した。(2)その際，製造された脱脂粉乳（4/1製造分）から黄色ブドウ球菌毒素が検出。(3) 4/1製造分の一部は，4/10の脱脂粉乳製造に再利用。4/10製造の脱脂粉乳から黄色ブドウ球菌毒素が検出。	
2000/ 8/29		・脱脂粉乳虚偽報告釈明会見。毒素入り脱脂粉乳が道への報告分のほかに70袋隠されていたことが発覚し釈明を行う。
2000/ 9/26		・雪印とネスレ日本との業務提携を発表。「経営再建計画」を発表。
2000/11/21		・9月中間期決算を発表。単体売上1865億円（前年同期比33％減），経常損益は244億円の赤字。
2001/ 5/18		・2001年3月期決算を発表。売上高前年比33.5％減。業界三位に転落。

(出所)筆者作成

第3段階は，引責辞任した石川哲郎元社長に代わり西紘平新社長が就任し再起をかける2000年8月4日以降の段階である。結局のところ，この食中毒事件の原因が大樹工場の停電事故であったということが判明したのは2000年8月22日であり，それまでに長い時間がかかり，雪印ブランドが大きく毀損される結果となった。

第3節　緊急時における情報と株式市場の反応

3.1. 第1通報から最初の記者会見までの対応の遅れ

第1段階での危機対応のミスとして，事故発生直後の対応の遅さを指摘することができる。雪印乳業の記録によれば，低脂肪乳による食中毒症状の第1報が雪印乳業に入ったのは，6月27日11：29であるが，実際に苦情の発生状況，自主回収の案内などを行った最初の記者会見は，6月29日21：45であった。第1通報から2日と約10時間も経過しており，その間にも低脂肪乳を飲用され続け，結果として食中毒症状の発症被害者を増加させる結果を招いた。第1通報から記者会見までの流れをまとめたものが，表4-2である。

表4-2　第1通報から記者会見までの流れ

日付	時間	出来事
6/27	11:29	第1報　低脂肪乳（品質保持期限　7/1）による嘔吐
6/28	12:05	第2報　低脂肪乳（品質保持期限　6/30）による嘔吐・下痢
6/28	13:08	第3報　低脂肪乳（品質保持期限　不明）による嘔吐・下痢
6/28	13:20	第1回緊急品質管理委員会 ・西日本支社にて緊急品質管理委員会が開催され，上記3件の苦情情報が確認・集約された。
6/28	13:50	札幌への第一報 ・株主総会のために札幌にいた取締役市乳営業部長は，保健所の立ち入り情報を聞き，大阪工場に照会した。 ・工場長は別の会議中で，保健所立ち入りの事実を知っているのみで，「お客様からの苦情は入っていない。製品検査は全てOKである。微生物検査に異常は見られない。」と回答した。
6/28	15:30	第2回緊急品質管理委員会 ・西日本支社にて緊急品質管理委員会が開催され，保健所の有する苦情情報が確認され，対応策が検討された。

6/28	15:40頃	・札幌において市乳営業部長は，専務取締役第二事業本部長に対し，大阪工場長から確認した内容を報告した。
6/28	15:50	・東京本社にて緊急保証連絡会を開催し，苦情情報確認と情報の共有化を行った。
6/28	18:00	関係役員の打合せ ・札幌にて関係役員で打合せが行われ，苦情情報の確認と対応について協議がなされた。この時点での苦情情報は，「低脂肪乳の類似苦情7件あり。うち当社4件，保健所3件。症状としては下痢等。」というものであった。 ・下記の理由により製造工程に原因があるとの判断には至らなかった。 ①大阪工場で低脂肪乳を1日約7万本生産している中での苦情であること ②苦情の発生した低脂肪乳の品質保持期限がバラバラであること ③苦情の発生場所もバラバラであること ④製造後3ないし4日を経てから発生していること ⑤大阪工場での出荷検査では異常がみられなかったこと
6/28	20:00頃	・6/29以降，大阪工場の大型紙ラインを停止し，原因の有無を調査することを決定し，指示した。
6/28	21:00	・大阪工場製造課主任が製品サンプルを持ち川越（埼玉）の分析センターへ出発した（6/29 4:31着）
6/28	22:45	大阪市保健所との協議 ・大阪工場長が大阪市保健所を訪問し，協議した。大型紙ラインの停止と出荷自粛の決定を保健所に伝えた。保健所から自主回収と社告の掲載を求められ，大阪工場長より「自主回収については了解するが，社告掲載については社内で検討させてほしい。」と回答した。保健所より6/29 9:00までに社告掲載を返答するよう求められた。6/29 1:10 協議は終了した。
6/29	2:00頃	回収・社告等の要請への対応 ・市乳営業部長が第二事業本部長に保健所の意向を伝えた。同本部長は，保健所の勧告であればやむを得ないので，社長の了解を条件としてこれを受け入れることとするが，原因不明のうちにお詫び広告を出すべきかはにわかに納得できないし，その内容をどのようにするか分からず，根拠に欠ける社告を出すのはかえって混乱が出る可能性も考えられることなどから，朝一番で保健所に再度見解を聞き，内容を確認するよう指示した。
6/29	朝	・当社大阪支店より各販売先に自主回収の指示を伝え，回収を実施した。
6/29	9:00	・品質保証部長らが大阪市保健所を訪問し，再度見解を確認した。
6/29	10:30頃	社長への報告 ・帰京のため千歳空港にいた社長に対し，品質保証担当取締役が苦情内容を伝えた。
6/29	11:00	社告掲載の準備 ・東京本社に帰社した市乳営業部長は，宣伝部宣伝課長に社告掲載の準備を指示した。広告代理店との打合せを行ったが，この時点で当日の夕刊には間に合わず，翌6/30の朝刊に間に合うかどうかという状況であったため，6/30朝刊の枠取りをした。
6/29	13:40	社告内容の決定 ・東京本社に戻った社長，第二事業本部長は，関係者と協議し，社告案を決定した。
6/29	14:15	・西日本支社より社告決定を保健所に連絡し，保健所と同時刻に記者会見する方向で準備を始めた。
6/29	16:00	・大阪市が記者会見した。
6/29	21:45	・常務取締役西日本支社長が記者会見し，苦情の発生状況，自主回収の案内などを説明した。

（出所）雪印乳業『雪印食中毒事故に関する原因調査結果報告書』，2000，pp.6-8を参考にして筆者作成

製品回収や新聞による告知の最終的な意思決定権をもつ社長の耳に、一連の流れが報告されたのは、結局6月29日の10：30頃であった。この時点で既に2日間経過している。6月28日に札幌で株主総会があったとはいえ、もう少し早く社長のところに不祥事に関する情報が伝達され、適切な判断を行っていれば、これだけの被害者の拡大にはならなかったかもしれない。自社製品で被害が出ているにもかかわらず、自主回収の意思決定は極めて遅かったといえる。また、雪印乳業から自発的に回収しようと意思決定を行ったわけではなかった。保健所からの勧告を受けて渋々回収を行っていることが表4-2から伺える。

自社製品の回収についての記者会見も、6月29日の16：00から大阪市と保健所に、先に行われてしまっている。結局のところ、雪印乳業が記者会見を行ったのは、結局同日の21：45からであった。このタイミングでは、すでに夕方のテレビニュース放送にも間に合わなかった。多くの報道は、翌朝に大きく報道されることになり、消費者に情報が伝達されるまでには長い時間を要することとなった。雪印乳業によれば、「事故対応、事故直後の対応において、社内の情報伝達・確認に手間取ったこと、原因が不明であることにとらわれ、既に販売されお客様の手元にある製品にまで考えが至らなかったこと、保健所の要請の履行のみを考え、社告掲載以外の告知手段に思い至らなかったことなどにより、結果として、製品の回収とお客様への告知の間にずれが生じてしまい、多くのお客様に非常な苦痛を生じさせてしまった。」(雪印乳業, 2000, p.8)と事件直後の状況を述べている。

結局のところ、この段階では保健所を念頭においた対応が中心であり、本来であれば一番大事にしなければならない、既に低脂肪乳を購入した消費者に対する配慮が存在しなかったといえよう。6月28日18：00の関係役員の打合せによれば、消費者への考えが思い浮かばなかった原因として、①大阪工場で低脂肪乳を1日約7万本生産している中での苦情であること、②苦情の発生した低脂肪乳の品質保持期限がバラバラであること、③苦情の発生場所もバラバラであること、④製造後3ないし4日を経てから発生していること、⑤大阪工場での出荷検査では異常がみられなかったこと、があげられている。[46]

しかし，連続して自社製品にこれだけ被害が拡大している事を考えれば，ここで何らかの対策がとれなかったのであろうか．適切な判断と意思決定が求められる．

このような社内での経営陣への情報流通の悪さと適切な意思決定ができていなかったことが，結果的に，社会の批判を浴び，負のレピュテーションを増幅させたのである．

3.2. 事実情報の混乱

今回の事件が長期化した要因には，事実情報を経営陣が把握しないまま記者会見に臨んでいたことを指摘したい．知っていた事実を故意に隠蔽して説明することも問題であるが，事実情報を確認しないで，すぐに会見で情報発信を行ってしまったことも問題を拡大させている．事実を確認していないために記者に対する説明が二転三転し，本当の事実が何であるのか記者に疑念を生じさせ，隠蔽したという見出しも躍ることになり，結果的にステークホルダーの信頼を失うことになった．このステークホルダーとの信頼の喪失，つまりステークホルダーとの間の社会関係資本が毀損してしまったことが，問題の長期化の根本にあるのではないかと考えられる．

食中毒の原因となりうる黄色ブドウ球菌検出の事実公表についても情報に混乱が生じている．7月1日10：45から会見を開いた時点で関西品質保証センター長らは，「有害な物質は検出されなかった」と発表した．しかし，午後の会見で石川社長らが，菌の検出をようやく公表し，その際に相馬専務は，菌は前夜の「仮判定」で検出されており，同日10：00に検出が「本判定」されたことを明らかにしている[47]．10：45の時点での「有害な物質は検出されなかった」とのコメントが事実情報を混乱させている．したがって一般消費者がその事実を知るには，さらに6時間近くかかることとなった．「事実」を事実として伝えることができていなかったのである．

また，7月1日の記者会見では，「事実情報」が経営陣に全く届けられておらず，実態を把握しないままに会見に臨んでいたと思われる．当時の会見の様

子は，北海道新聞によれば「普段，菌が検出されたバルブ周辺の微生物検査を行っていなかったことを明らかにし，『後の工程で殺菌するので検査はしない。（菌発生は）考えられないのだが』としどろもどろ。結局，『バルブ洗浄が十分でなかった』と非を認めた。会見後半で，週に一度の定期洗浄を二回も連続で怠り，バブル乳固形分がみつかっていた事実が公表されると，社長は『君，それは本当か』と絶句。広報部長も『それは推測なのか，事実なのか』と，公表した工場長に大声で問いただすなど緊迫した空気に。」と伝えている。[48] 記者会見の席上で会場に同席していた工場長から突然，バルブに十円玉大の乳固形分があったと告白があったのである。記者会見の現場は混乱し，経営陣が不祥事に関する情報を把握していなかったということが明らかになった。当然，メディアからは「無責任体質」や「隠蔽体質」などの批判を受け，さらなる追及を招く結果となったのである。

　7月4日の会見では，7月1日の会見でバルブ内部に十円玉大の汚れがあるという説明をしていたが，バルブ内部全体が，膜が張ったように汚染されていたと訂正している。[49] また，7月4日の朝刊新聞に掲載したお詫び社告の中で，品質保持期限が6月30日から7月2日の低脂肪乳が食中毒を起こしていると記載していたが，6月28日から7月3日の品質保持期限の低脂肪乳が食中毒を起こしていると訂正した。このように事実情報として提供されるべき情報が次々と訂正され，結果として事実と異なる情報を提供し，「うそ」をついたことになってしまった。記者会見した幹部も「うそをついたつもりはない。事実認識が甘かった。」と述べている。[50]

　メディア・消費者等のステークホルダーが本当に知りたいことは，事実情報である。本来であれば，社長や役員といった経営陣が事実情報を多く握っているはずである。だからこそメディアは経営陣を対象に取材を行うのである。事実を提供することがステークホルダーとの関係性においては重要である。事実を伴わない情報提供では，信頼関係は構築・維持できず，社会関係資本は毀損されることになる。事実情報を把握することができずに，情報提供を行ったことが，一層の混乱を招き，「隠蔽体質」と称される報道となった。このような

3.3. 経営陣による不用意な発言

　また，記者からの批判を浴びた点は，経営陣が不用意な発言をメディアの前で繰り返してしまったことである。雪印乳業の経営陣は，目の前にいる記者だけに対して会話をしているかのように不用意な発言を繰り返していた。メディアの情報は読者・視聴者という形で被害者にも伝えられるのである。特に7月4日の記者会見の様子が伊藤（2002）[51]に記されている。

「何故早期に自主調査，回収に踏み切らなかったか？石川『何ていうか，見逃してしまった。』『どんな時でも何百万個に一個程度のクレームはある。』『低脂肪乳のことで頭が一杯だった。申し訳ないと思うが，異常事態下にあって決断が遅れた。危険性があれば生産を止めるべきだった。』『ラインの共有は知っていたが，どういう状況で使っていたのか分からなかった。』（雪印は厚生省にラインの共有はないとこれまでは説明していた。）毎日骨太については，6月30日から7月5日までの製品で11件のクレームがあったと発表。その件数は通常のクレーム件数と比べてどうなのかという質問に対し，赤羽専務『黄色人種というか黒人も牛乳を飲むと下痢が起きる。下痢の症状があると言われても，それとこれとが関係があるのかどうなのか，今もそうだとは言い切れない。』と発言。会見場と消費者の不信感を増幅。赤羽専務『悪いほうばっかり発言するのは困る』会場混乱。

石川『私は寝てないないんだ！』

『そんなこと言ったら，こっちだって寝てないんだ。』『病気で苦しんでいる子供たちのことを考えたことはないのか』（このシーンが繰り返しテレビで放映される）」（伊藤, 2000, p.9）

　このように，「何ていうか，見逃してしまった。」「どんな時でも何百万個に一個程度のクレームはある。」「黄色人種というか黒人も牛乳を飲むと下痢が起きる。」「私は寝ていないんだ！」と経営陣からの不用意な発言が消費者の怒り

を買い，完全に消費者からの信頼を失わせた。また，「何百万個に一個程度のクレームはある」，「黄色人種というか黒人も牛乳を飲むと下痢が起きる」ということは科学的には間違っていない正しいことであるかもしれない。しかし，本当に食中毒で苦しんでいる人を目の前にしたら，このような発言はありえないであろう。明らかに社会的規範を逸脱した発言である。一般消費者にとっても，これまで信頼していた大企業の経営者の発言とは思えず，ネガティブな評価を下したのであろう。これらの一連の経営者の不用意な発言が，社会関係資本を毀損させ，より一層の負のレピュテーションを増殖させることにつながった。

これらの発言があった翌日の7月5日からは，ファミリーマートやライフコーポレーションの全店舗から雪印製飲料は姿を消している。[52] 不用意な発言が繰り返されることにより，ステークホルダーの信頼を完全に失い，社会関係資本を大幅に毀損する結果となった。この会見以降，全国で雪印乳業製品の不買運動が拡がりをみせ，発症者も1万人を越える未曾有の事態となった。この状況を受け，7月6日には石川哲郎社長も引責辞任を表明せざるを得なくなった。しかしながら，その辞任会見でも石川社長は次のように答えている。[53]

「**記者** （脅迫事件で目薬を即座に回収した）参天製薬に比べ，雪印の対応は遅いのでは。

社長 確かに，そういう感は否めないと思います。ただ一つ，ご理解いただきたいのはですね，商品の流通，あるいは商品特性という違いがありましてですね，まあ，言い訳にはしたくありませんけど，その辺がちょっと対応が違ったということになります。

記者 食品なのだから真っ先に回収すべきではなかったのではありませんか。

社長 うーん………。まあ，その辺のところはね，今，反省しているところです。」

と最後の引き際でも，社会的規範を逸脱するような言い訳ばかりしている印象を与えている。このような経営者の発言が不信を一層与える結果になっていると考えられる。

3.4. 不祥事と株式市場の反応

　前章と同様の手法を用い，不祥事発覚日の6月30日をイベント日にして，イベントスタディを行った。イベント・ウインドウをイベント日前後の20日間として，41日間に設定している。正常リターン (normal return) は，イベント日の120前営業日から21前営業日の100日間に設定し推計を行い，異常収益率 (Abnormal Return: AR) と累積異常収益率 (CAR: Cumulative Abnormal Return) を算出した。(表4-3，図4-1を参照。)

　やはり，不祥事の発覚を受け，CARはマイナスの値に反応している。イベント日から継続的にCARは $t-8$ 営業日までマイナスの値をつけ，最低の数値では，−41.02%を示している。前述したように，情報開示の遅れや，事実情報の混乱，経営陣の不用意な発言等もあり，追加的にマイナスに追い込まれる結果となった。7月4日の記者会見では，経営陣の不用意な発言が目立ったが，報道によって広く情報が伝わる翌日7月5日 ($t+3$ 営業日) のARは，−7.72%，翌々日の7月6日 ($t+4$ 営業日) のARは，−14.97%，と一日におけるマイナス数値では大幅なマイナス値を示している。これは消費者の心情を無視した社会的規範を逸脱する経営者の不用意な発言により，消費者の不買運動や，小売・通流現場からの撤去運動の拡大など，社会関係資本が大幅に毀損された結果である。

　7月6日には，石川哲朗前社長の引責辞任が発表された。公表翌日の7月7日 ($t+5$ 営業日) のARはプラスの1.31%，翌々日の7月10日 ($t+6$ 営業日) のARはプラスの3.42%と，プラスの値を示したが，翌営業日の7月11日 ($t+7$ 営業日) には，返品再利用問題等などの追加的な不祥事の情報も発覚したためにマイナスに転じ，引責辞任の効果は小さかったといえよう。

表4-3 不祥事発覚日をイベント日とした雪印乳業のARとCAR ($t-20-t+20$)

	営業日	AR	CAR		営業日	AR	CAR
$t-20$	2000/6/ 2	−3.21%	−3.21%	$t+1$	2000/7/ 3	−10.84%	−11.63%
$t-19$	2000/6/ 5	1.08%	−2.12%	$t+2$	2000/7/ 4	0.15%	−11.48%
$t-18$	2000/6/ 6	−1.44%	−3.57%	$t+3$	2000/7/ 5	−7.72%	−19.20%
$t-17$	2000/6/ 7	1.96%	−1.61%	$t+4$	2000/7/ 6	−14.97%	−34.17%
$t-16$	2000/6/ 8	6.45%	4.85%	$t+5$	2000/7/ 7	1.31%	−32.87%
$t-15$	2000/6/ 9	2.38%	7.22%	$t+6$	2000/7/10	3.42%	−29.45%
$t-14$	2000/6/12	−0.77%	6.46%	$t+7$	2000/7/11	−5.43%	−34.88%
$t-13$	2000/6/13	−2.34%	4.12%	$t+8$	2000/7/12	−6.14%	−41.02%
$t-12$	2000/6/14	−2.06%	2.06%	$t+9$	2000/7/13	4.07%	−36.95%
$t-11$	2000/6/15	−1.52%	0.53%	$t+10$	2000/7/14	0.34%	−36.61%
$t-10$	2000/6/16	3.09%	3.63%	$t+11$	2000/7/17	1.30%	−35.31%
$t-9$	2000/6/19	−1.07%	2.56%	$t+12$	2000/7/18	−1.08%	−36.39%
$t-8$	2000/6/20	0.30%	2.86%	$t+13$	2000/7/19	−0.12%	−36.51%
$t-7$	2000/6/21	6.02%	8.88%	$t+14$	2000/7/21	1.27%	−35.24%
$t-6$	2000/6/22	−6.28%	2.60%	$t+15$	2000/7/24	0.58%	−34.65%
$t-5$	2000/6/23	2.19%	4.78%	$t+16$	2000/7/25	9.06%	−25.59%
$t-4$	2000/6/26	1.88%	6.67%	$t+17$	2000/7/26	2.58%	−23.01%
$t-3$	2000/6/27	1.71%	8.38%	$t+18$	2000/7/27	−3.96%	−26.97%
$t-2$	2000/6/28	−2.02%	6.36%	$t+19$	2000/7/28	2.60%	−24.37%
$t-1$	2000/6/29	−1.24%	5.12%	$t+20$	2000/7/31	4.96%	−19.41%
t	2000/6/30	−5.92%	−0.80%				

(出所)筆者作成

図4-1 不祥事発覚日をイベント日とした雪印乳業のCARの推移 ($t-20-t+20$)

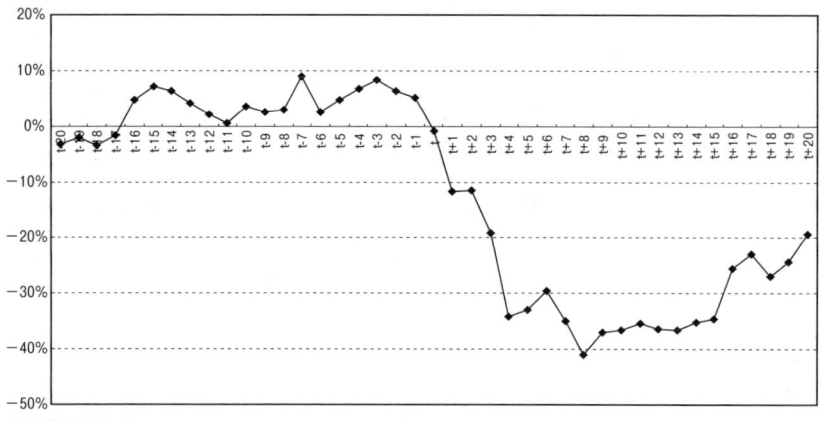

(出所)筆者作成

第4節　信頼修復時の情報と株式市場の反応

4.1. 安全宣言と新社長就任による再起

　これらの不祥事対応の誤りにより，負のレピュテーションが増殖し，信頼を回復することが非常に困難なレベルにまで企業価値は毀損されることとなった。もはや，再起を図るためには全市乳生産工場の操業を停止して，総点検を行うしかなかった。

　雪印乳業は，全20の市乳生産工場を対象に厚生労働省の担当官による現地調査，および自主点検後の第三者機関による検証を行い，ようやく8月2日に厚生労働省より「安全宣言」が出され，工場の操業の再開につながった。確かに，すべての市乳生産工場を停止することで売り上げには大きなダメージがあったかもしれない。しかし，危機対応における緊急時の姿勢としては，不祥事へのけじめや再発防止策の公表が重要である。全市乳工場を停止してまでも点検し，消費者との信頼を最優先するという再発防止の姿勢をもっと早い段階で見せていれば，ネガティブなレピュテーションによるダメージは軽減された可能性はある。

　辞任を表明した石川哲朗前社長に代わり，8月4日に西紘平氏の新社長就任記者会見が雪印乳業東京本社で実施された。その際に，事件についての謝罪の他，再発防止や今後の活動方針として5つの大項目を発表している。8月6日の朝刊の「雪印乳業製造工場の安全性確認のご報告」と題した新聞広告では[54]，次のような5項目が約束されている。

① 集団食中毒事件の被害にあわれた方の中で，長期にわたるケアを必要とされる方々のために，お客様ケアセンターを大阪に設置し，企業としての責任を果たしてまいります。
② お客様の声にいつも耳を傾ける企業に生まれ変わるため，フリーダイヤル年中無休体制の確立を目指します。
③ さらにお客様にご安心いただくために，「商品安全監査室」を社長直轄組織

として新設いたしました。この組織は社外の専門家にもご参加いただき，弊社品質管理体制の強化を図ります。
④ 牛乳類の一旦容器詰めした製品の再利用はいたしません。
⑤ どこの工場で作られているかを分かるようにするため，商品に記載されている工場記号にかえて，牛乳類から順次工場名を表示いたします。

という内容が約束されている。具体的になった詳細な再発防止策ではないが，今後の再起を図る方向性は示されている。

4.2. 新社長就任による再起と株式市場の反応

　前章で検討したように，通常，経営者の引責辞任や再発防止策の公表は株価に正の影響を与える傾向にある。7月6日には，石川哲朗前社長の引責辞任が発表されたが，引責辞任による正の影響は2営業日だけであり，引責辞任の影響は小さかった。7月6日の引責辞任公表の段階では辞任の意思表明と後任人事だけであり，原因究明策や再発防止策などは同時に発表されなかったため，持続的なプラスの影響をもたらすことができなかったと考えられる。引責辞任以外に信頼を修復しうるタイミングとしては，再発防止策の公表日をあげることができる。雪印乳業のケースでは，新社長就任記者会見と同時に，前述のように再発防止と今後の活動方針が掲げられた。

　そのことを踏まえ，8月4日の新社長就任記者会見をイベントにして，イベントスタディを行い，新社長就任と再起の取り組みについての株式市場の反応を推定し，分析を行った。今回は，前章における辞任企業のイベントスタディ同様に，イベント日の100営業日前からイベント前日までを正常リターンの推定期間として，ARの推計を行っている。このことにより，イベント前日までの不祥事による負の影響が織り込まれることになる。表4-4は，新社長就任記者発表日をイベント日として推計したARとCARを纏めたものである。また，図4-2はCARの推移である。

　$t-5$営業日ではARが5.40%，CARが21.0%と高い数値を示している。7月25日には，厚生労働省が10箇所の市乳生産工場を点検し，問題がないとの

見解を示しており，生産再開への期待が高まったことに加え，7月28日に石川社長が辞任し，西新社長が役員会で決定されたご祝儀相場的なこともあり，ARが高い数値を示しているのであろう。

しかし，新社長が記者会見を行ったイベント日以降の $t+1$ 営業日，$t+2$ 営業日でそれぞれ3.50%，2.19%というプラスのARを示しているものの，$t+3$ 営業日以降，ARはマイナスの値を継続的に示しており，CARも $t+15$ 営業日以降はマイナスの値となった。このことは，新社長就任による株価へのプラスの影響は小さく，むしろ，株式市場は再起に向けての取り組みを公表した西新社長を厳しく評価したと考えられる。

西新社長の就任記者会見では今後の再起を図る方向性は示されているが，具体的な再発防止策や再建策についての詳細は乏しく，市場が納得するような対応策を表明することはできなかったと考えられる。機関投資家も雪印乳業の再建について悲観的な見方をしており，一斉に売りに出たことも考えられる。毀損した社会関係資本は直ぐには回復できないものでり，市場参加者も社会関係資本の回復をシビアに評価しているのである。

4.3. 事件の後遺症と再建にむけて

新社長就任の株式市場でのインパクトは小さかったが，就任した西新社長は，その後に綿密な再建計画をまとめ上げ，2000年9月26日に「雪印経営再建計画」を発表している。[55]「企業風土の刷新」「品質保証の強化」「平成14年度黒字化の施策」の大きな三項目により構成されている。これらの骨子に基づいた具体的施策が以下である。[56]

1．企業風土の刷新
 (1) 企業倫理の再構築
  ① 「雪印企業行動憲章」制定と責任ある行動の徹底
 (2) 顧客志向運動の推進
  ① CS推進室の設置
  ② フリーダイヤル365日体制整備と経営への迅速なフィードバック

表 4-4 新社長就任会見日をイベント日とした AR と CAR ($t-20 - t+20$)

	営業日	AR	CAR		営業日	AR	CAR
$t-20$	2000/7/ 7	1.24%	1.24%	$t+1$	2000/8/ 8	3.50%	15.85%
$t-19$	2000/7/10	3.23%	4.48%	$t+2$	2000/8/ 9	2.19%	18.04%
$t-18$	2000/7/11	−5.11%	− 0.64%	$t+3$	2000/8/10	−1.23%	16.80%
$t-17$	2000/7/12	−5.62%	− 6.25%	$t+4$	2000/8/11	−1.23%	15.58%
$t-16$	2000/7/13	4.89%	− 1.37%	$t+5$	2000/8/14	0.37%	15.95%
$t-15$	2000/7/14	0.29%	− 1.08%	$t+6$	2000/8/15	−0.60%	15.35%
$t-14$	2000/7/17	1.18%	0.10%	$t+7$	2000/8/16	−3.08%	12.27%
$t-13$	2000/7/18	−0.18%	− 0.08%	$t+8$	2000/8/17	−0.88%	11.39%
$t-12$	2000/7/19	−0.02%	− 0.10%	$t+9$	2000/8/18	−0.52%	10.86%
$t-11$	2000/7/21	1.82%	1.72%	$t+10$	2000/8/21	−2.52%	8.34%
$t-10$	2000/7/24	1.34%	3.05%	$t+11$	2000/8/22	−1.42%	6.92%
$t-9$	2000/7/25	9.18%	12.24%	$t+12$	2000/8/23	−3.29%	3.63%
$t-8$	2000/7/26	2.92%	15.15%	$t+13$	2000/8/24	−0.62%	3.01%
$t-7$	2000/7/27	−3.07%	12.08%	$t+14$	2000/8/25	−2.50%	0.51%
$t-6$	2000/7/28	3.55%	15.63%	$t+15$	2000/8/28	−1.65%	− 1.15%
$t-5$	2000/7/31	5.40%	21.03%	$t+16$	2000/8/29	0.43%	− 0.71%
$t-4$	2000/8/ 1	−2.55%	18.48%	$t+17$	2000/8/30	−1.62%	− 2.34%
$t-3$	2000/8/ 2	−2.16%	16.32%	$t+18$	2000/8/31	−1.51%	− 3.84%
$t-2$	2000/8/ 3	−1.11%	15.21%	$t+19$	2000/9/ 1	0.19%	− 3.65%
$t-1$	2000/8/ 4	0.29%	15.51%	$t+20$	2000/9/ 4	0.49%	− 3.17%
t	2000/8/ 7	−3.16%	12.35%				

(出所) 筆者作成

図 4-2 新社長就任会見をイベント日とした CAR の推移 ($t-20-t+20$)

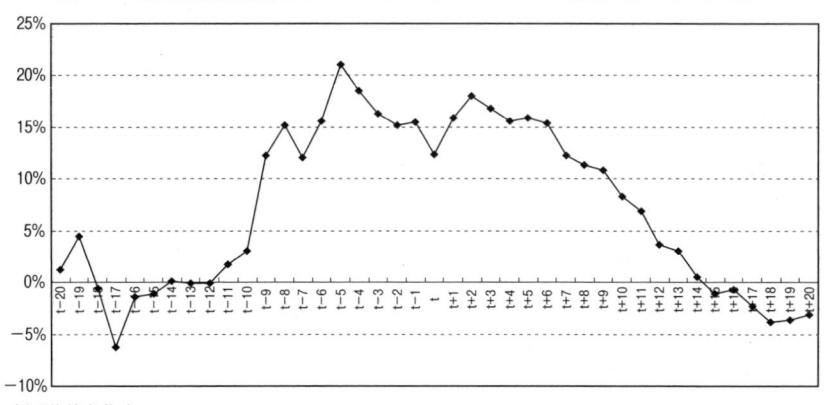

(出所) 筆者作成

③「開かれた会社」を目指した広報体制の充実強化
　　a　IR 活動，ホームページ等による積極的な情報開示
④ 工場見学等外部への積極的な工場開放とお客様ならびに取引先との意見交換会の実施推進
(3) コーポレートガバナンスの強化
① 消費者代表者，有識者等第三者による経営諮問会議の設置
② 取締役会改革及び執行役員制度導入の検討
　　a　取締役数の削減による意思決定の迅速化と経営戦略機能の強化
　　b　社外取締役の招聘
(4) 組織と人事制度の改定
① 組織
　　a　業本部制の見直し
　　b　権限の委譲と風通しのよいフラットな組織の確立
② 人事制度
　　a　現場主義を基軸とする部門に応じた人事評価基準の再構築
　　b　適材適所と実力主義の徹底
(5) 危機管理体制の再構築
① 危機管理体制，マニュアルの刷新と実用のための教育訓練の徹底
2．品質保証の強化
(1) 商品安全監査室の設置
① 社長直属の組織とし，品質管理と安全監査の徹底強化
② 社外衛生専門家の招聘
(2) HACCP の徹底による現場作業レベルにおける安全性，健全性の確保
① HACCP の遵守ならびに HACCP プランの検証と改善の徹底
② 生産現場における管理者の意識改革
③ 衛生，品質管理教育の充実強化
(3) 工場検査体制の充実
① 専門スタッフの配置による検査業務ならびに検査水準の高度化

②エントロトキシン等検査項目の拡大

　③品質検査機器への重点投資

(4) 雪印グループ品質保証体制の強化

　①検査部門のグループ内人事交流の実施

　②グループ品質保証委員会の活性化

(5) 食品衛生研究所の新設および研究成果の社会還元

　①食中毒菌の研究

　②エントロトキシンの迅速，簡易測定法の開発

　③衛生管理にかかわる教育の実施

3．平成14年度黒字化に向けての施策

(1) 事業構造の改革

　①商品開発力の強化

　　a　商品開発本部新設による商品開発の一元化とスピードアップ

　　b　ブランド戦略ならびに容器戦略の再構築と新規展開

　②コアビジネスへの経営資源集中

　　a　市乳生産拠点の再編（含む大阪工場閉鎖）

　　b　チーズ，業務製品への経営資源の重点的投入

　　c　営業面におけるマンパワーの強化

　③ノン・コアビジネスの分離独立および縮小廃止

　　a　冷凍食品，アイス事業等における戦略的パートナーとの提携等も視野に入れた見直し

　　b　医薬品事業の対象分野の絞込み

　　c　不採算事業の整理

　④グループ事業の再構築

　　a　グループ流通機能の統合・再編

　　b　グループ内重複事業の再編

　　c　戦略的パートナーとの提携検討

　　d　不採算事業関連子会社の整理

(2) x 収益構造の見直し
  ① 固定費圧縮
    a　従業員数の削減　平成14年度末5,500人体制確立……1,300人削減
    b　役員報酬，従業員賞与の削減
        役　　員：報酬30％削減
        従業員：平成12年度末賞与削減（管理職40％，一般職20％）
  ② 不動産等の売却
  ③ 海外拠点の統廃合
  ④ 運動部の廃止
    a　アイスホッケー部
    b　陸上競技部

このように，信頼修復の為に31の小項目に渡る再建計画が提示されており，「雪印企業行動憲章」制定と責任ある行動の徹底，生産現場における管理者の意識改革という形で企業倫理やコンプライアンスといった面での強化が盛り込まれた。また，顧客から情報をすべて経営にフィードバックし風通しの良い組織にすることや商品安全監査室の設置，衛生・品質管理教育の充実強化，工場検査体制の充実などの再発防止策も盛り込まれている。また，事件発生から9月上旬までの間に信頼修復のために，約1,000名近い雪印乳業の従業員は，総数32,000件に達した苦情に対して，一軒一軒，被害者宅を訪問し，ひたすら謝罪して回ったという。[57]

このようなコンプライアンスと再発防止策の取り組みに関する表明と，雪印社員の地道な努力もあり，徐々にではあるが信頼も回復される傾向にあり，マスメディアによる報道の論調も厳しい状況の中ではあるが，雪印社員のお詫び回りを特集した記事「雪印乳業食中毒　汗流してお詫び訪問　関西地区で2万回　戒めの声，心に刻む社員」[58]というように雪印を応援する記事も多くなってきた。このような信頼を修復しようとする事実情報がポジティブな方向で評価され続ければ，プラスのレピュテーションとなって拡がり，長い時間をかけて，毀損された社会関係資本が回復される可能性がある。

しかし，2002年にグループ子会社である雪印食品による国産牛肉偽装事件が発覚し，再び信頼は崩壊した。別会社とはいえ，同じ「雪印」ブランドを背負う企業であり，連結会計制度下ではグループ会社も同じ会計の中で位置づけられる。この事件により再び「雪印」ブランドが大幅に毀損してしまった。グループ企業にまでコンプライアンスの意識改革が浸透しないなかったことが悔やまれる結果を生んだのである。

第5節 まとめ

雪印乳業集団食中毒事件の不祥事対応の経過と，株式市場の反応を見てきた。今回の雪印乳業の不祥事は，そもそもは，大樹工場にできた氷柱の落下が原因である停電事故による食中毒という「対策不備」型の不祥事であった。あってはならないことであるが，いかなる企業でも人間が行動する限りにおいて，ヒューマンエラーやミスが発生する可能性は存在し，ミスをどれだけ最小限に止めるかが企業に求められる対策である。ミスを起こさない対策が万全であれば，食中毒を発生させることは無かったはずである。今回のケースでは，一番重要なポイントは，「対策不備」型の不祥事であったものが，その緊急時の経営陣の対応により，「規範逸脱行動」型の不祥事に移行してしまった点である。

当時の経営者である石川哲郎社長からは，危機管理意識が感じられず，社会的規範から逸脱した発言や行動が目立った。「(毎日骨太」の苦情は)何ていうか，見逃してしまった。」「どんな時でも何百万個に一個程度のクレームはある。」「私は寝てないないんだ！」などの発言からもその危機意識の希薄さが伺える。

また，危機管理におけるマニュアル[59]は存在していたようであるが，全く機能せず，経営幹部に事実情報が集約されることなく，記者会見に臨まざるを得ない状況であった。発表する情報が繰り返し訂正されることで事実が錯綜し，結果的に虚偽説明と呼ばれるように雪印の公表する情報の信頼は喪失し，社会関係資本が著しく毀損されたのである。

事件の原因が，製造工場である大阪工場の製造工程にあるのではなく，原料

生産工場である大樹工場の停電によって生産中の脱脂粉乳内に毒素が増殖したという原因でもあり，原因を特定するのが困難であったことは理解できる。しかしながら，大阪市や厚生労働省が調査を行うたびに，雪印が行ってきた説明を覆す新事実が次から次へと判明したこともあり，本当に原因究明をしているのであろうかと一般消費者からも疑念を抱かれてしまう結果となった。社会的責任をもってしっかりと対応してくれるはずという暗黙の社会的規範を逸脱してしまったのである。社内外に散在する事実情報を経営陣に集約し，把握できる組織デザインが雪印乳業には必要であった。

　このような経営者の不祥事対応の失敗が，雪印乳業の信頼を崩壊させ，社会関係資本を一層毀損させていったのである。市場が評価するのは，起きてしまったことよりも，どのように対応をしたかであり，不祥事に対応する経営者の行動を評価しているのである。経営者の行動情報により，社会関係資本が大きく影響されるのである。経営者の対応をみて，市場の参加者は，この経営者は信頼できる，投資に見合うリーダーであるのかを判断するのである。

　このように，企業危機対応において非常に誤った対応を繰り返したことにより，これまで蓄積してきた社会関係資本を大幅に毀損することになった。一度，毀損した社会関係資本を回復させることは容易なことでない。前章で議論したように，経営者の引責辞任や再発防止策の公表などは，株価にプラスの影響を与える要因になり得るのではあるが，雪印乳業のケースの場合は，それらの影響は非常に小さく，毀損したダメージを回復することは非常に困難であった。経営陣の人事刷新を行い新社長の就任による影響も非常に小さく，社会関係資本を回復することは長い時間がかかるのである。

　背負ったダメージは非常に大きなものがあるが，しかしながら，現在でも雪印乳業は信頼を獲得するための地道な努力を続けている。雪印乳業の監査役によれば，「不祥事を起こさない仕組み創り」と「不祥事を起こさない風土創り」[60]を続けているという。特に印象的なことは，「不祥事を起こさない仕組み創り」のために，マネジメントの仕組みづくりの実践として，現場からの事実情報をすぐに経営幹部に集約する組織デザインが構築されるように努めているという

ことである。365日24時間のCS（顧客満足）対応・リスク報告が行われており，いざリスクが発生すれば経営幹部の携帯電話にすぐに連絡が入る仕組みになっており，深夜でも連絡が入るようになっているという。またCSやリスクに関する情報は，経営幹部間で毎日情報共有され，週次，月次，四半期，半期，通期でPDCAサイクルが回され，日々，不祥事を起こさないような仕組みが創られているという。

また，そうした事実情報を集約化するためには仕組み作りだけではなく，組織風土が大事であり「不祥事を起こさない風土創り」を併せて実施しているという。「不祥事を起こさない風土創り」のために社外からの視点を導入した経営として，社外監査役やお客様モニター会，マスコミ懇談会などで様々な外部の視点をマネジメントに取り入れている。また，コンプライアンス意識の定着化を図るために，推進組織の編成，月例活動報告の強化，トップによる現地教育指導，定着度モニタリング，行動リーダー教育など様々な活動が業務と一体化して全社運動として取り入れられている。

様々な施策がとられていたが，すべて地道な日々の活動である。このような活動を行っていることを事実情報として社外にもっと伝達させていけば，必ずやその事実はポジティブに評価されるはずである。そして，それが評判となり，プラスのレピュテーションを獲得していくことであろう。地道に社会関係資本を回復し，長い時間をかけ，そのレピュテーションが蓄積され，新生雪印としてのブランド資本が構築されていくことを願うばかりである。

注

41) 吉原 (1986), p.19 が詳しい。
42) 詳細は吉原 (1986), p.19 を参照のこと。
43) 残念なことに，2002年にグループ会社の雪印食品が国産牛肉偽装事件を引き起こし，「雪印」ブランドは再び地に落ちてしまった。この国産牛肉偽装事件の方は，悪意をもった「規範逸脱行動」を伴う不祥事であり，BSE問題による国の買い上げ補助金を騙し取った詐欺事件である。国民の税金を搾取した許されない事件である。雪印食品は2002年4月30日に解散している。

44) 厚生労働省が2002年9月20日に発表。
45) 事件の経過および事件の詳細情報は，伊藤（2002），産経新聞取材班（2002），北海道新聞取材班（2002），雪印乳業ホームページ（http://www.snowbrand.co.jp/report/documents/00122201.htm），厚生労働省ホームページ「「雪印低脂肪乳」等による黄色ブドウ球菌食中毒の経緯」（http://www.mhlw.go.jp/topics/0101/tp0119-2.html）等の情報より構成されている。
46) 雪印乳業，2000, p. 7
47) 北海道新聞取材班（2002），p. 42
48) 北海道新聞，2000年7月2日朝刊
49) 北海道新聞，2000年7月4日夕刊
50) 北海道新聞，2000年7月4日夕刊
51) 伊藤（2002）では，毎日新聞のデータベース記事を中心に事件をまとめている。
52) 北海道新聞取材班（2002），p. 54
53) 北海道新聞取材班（2002），p. 60
54) 日本経済新聞，2000年8月6日朝刊を参照。
55) ここでは詳述しないが，再建計画公表日をイベントとして，イベントスタディを行ってみた。その結果は，イベント日以降，ARは連続的にマイナスの値を示し，再建計画が評価されていない傾向にあった。社会関係資本が回復し，株式市場からも評価を獲得するためには長い時間が必要であることがわかる。
56) ここでの記述は伊藤（2000）を引用している。伊藤（2002）は「再建計画」を2000年に掲載されていた雪印乳業ホームページ（http://www.snowbrad.co.jp/index.htm）から転載している。
57) 『AERA』，2000. 9. 18号，p. 31
58) 北海道新聞，2000年8月5日朝刊
59) 北海道新聞取材班（2002），p. 59
60) 2006年1月28日に日本広報学会オピニオンショーケースでの雪印乳業㈱の監査役・脇田眞氏の講演内容および，2007年8月28日に行った雪印乳業東京本社での聞き取りに基づいている。彼は，雪印集団食中毒事件に広報担当としてかかわった人物であり，その後，広報担当の常務取締役を歴任している。

第 5 章

ケース・スタディ②（松下電器産業）

第1節　松下電器産業 FF 式温風機一酸化炭素中毒事故の概要

　松下電器産業株式会社の FF 式石油温風機一酸化炭素中毒事故は，2005 年 1 月 5 日に福島県で発生した一酸化炭素中毒により，1 名死亡，1 名入院の事態が発生したことが発端であった。事件の影響は 2008 年になっても続いており，リコール作業も継続されている。主な事件の経過は表 5-1 の通りである。事件は，大きく分けると 4 つの段階に分類される。

　第 1 段階は，2005 年 1 月 5 日に福島県で一酸化炭素中毒による死亡事故が発生した直後から 5 月までの間である。2005 年から遡って 14 〜 21 年前に発売された松下製の FF 式温風機が原因とみられる死亡事故の発生であった。当時，松下は，既に石油式温風機事業からの撤退を決定していたが，独自に当該時期に製造された石油式温風機 31 台を自主回収し，原因調査を行った結果，9 台のゴムホースに亀裂が入っていることが判明した。しかし，松下は「一酸化炭素中毒漏れはごく微量で健康には害がない」と判断し，公表することを見送ってしまっている。この判断ミスが，事故の消費者保護と情報公開の問題を大きくする結果となった。

　また，2 月 23 日，4 月 13 日には，長野県で松下製の FF 式石油温風機が原因とみられる一酸化炭素中毒事故が再び発生している。両件ともに入院する程度で治まったが，4 月 20 日になり，松下はようやく記者会見を開催し，無料での部品交換や改修に応じると発表した。そして，翌日には新聞紙上に「謹告」

表 5-1　松下電器産業・FF 式石油温風機一酸化炭素中毒事故の主な経過

年月日	経過の内容
〈第1段階〉	事故の発生直後
2005年1月5日	福島県で一酸化炭素中毒により1人死亡，1人入院。
2月23日	長野県で2人の具合が悪くなり，入院（現在回復し退院）。
4月13日	長野県で3人の具合が悪くなり，診察（うち2人が検査入院，翌日退院）。
4月20日	記者会見。「社告」の実施を発表。無料での部品交換，改修などを実施。
4月21日	新聞各紙に『謹告』を掲載。
5月～	新聞折込チラシによる告知を開始。販売経路を通じて名簿把握と点検，DM の送付，修理履歴からの追跡。Hi-ho（松下電器のサービスプロバイダ）のHPに掲載。サービスルートによるチラシ配布などを実施。
〈第2段階〉	クライシス休眠期
6月～10月	季節的に暖房が不要となるクライシス休眠期。
〈第3段階〉	2件目の死亡事故発生
11月21日	長野県で一酸化炭素中毒により1人死亡，1人入院。
11月29日	経済産業省から緊急命令／記者会見，再度，『謹告』を発表。
11月30日	FF 緊急市場対策本部を設置（本部長に中村邦夫社長，本部長代行に戸田一雄副社長），新聞各紙に『謹告』を掲載。
12月2日	山形県で点検・部品交換済みの製品で，エアホース外れによる事故発生，一人入院。
12月5日	記者会見。「山形での事故」を受けて，『緊急対策の実施』（点検・修理済み製品の全数再点検）を発表。
12月6日	記者会見。安全対策確保のための緊急対策実施を発表。
12月9日	記者会見。エアホース外れの調査結果と，現在の対策の進捗状況について発表。
〈第4段階〉	緊急対策の本格化
12月10～19日	すべてのテレビCMを中断し，「お知らせとお願い」の告知広告に差し替え。
12月19日	記者会見。名簿把握台数の進捗状況を発表。
12月～	新聞折込チラシ，テレビ，ラジオスポットCM，自社製品（白物，AV 機器，情報機器，照明機器など27商品）に告知チラシを同梱，全国市町村の自治会の回覧板，社員・電力検査員，ショールームなどを通じたチラシの投函，全国灯油購入経路対象に配置・巡回するローラー作戦，地域タウン誌などへの広告掲載など。
12月28日	記者会見。名簿把握台数の進捗状況を発表。
2006年1月26日	全国全世帯への「お知らせとお願い」の告知はがき郵送を発表。（1月28日～2月中旬にかけて順次配達）
5月1日	FF 市場対策本部を設置。
5月16日	記者会見。今後の活動および製品安全対策の取り組みについて。

（出所）『PRIR』7月号（2006, p.21）を参考に筆者一部修正作成

を掲載している．対象製品は合計25機種，15万2,132台にのぼる．[62]

 2005年1月5日の段階で既に最初の死亡事故が発生していたにもかかわらず，その公表・対応は非常に遅かった．その遅れが世間からの批判を浴びることとなった．記者からの取材時に，一酸化炭素が漏れる危険性について直ぐに公表しなかったことの是非について問われ，「後から考えると時期が遅かったのかもしれない」と松下も反省の弁を述べている．[63]危機管理の観点からは，この第1段階での事故に関する公表・対応の遅さは問題であった．死亡事故が発生した1月の早い段階，つまりゴムホースの亀裂が判明した時点で本件を公表し，不祥事対応を迅速に行っていれば，これほどの大問題にはなっていなかった可能性がある．4月20日のリコール（無償修理・点検）に関する発表以降，松下は「謹告」「新聞折込チラシによる告知」，「販売経路を通じて名簿把握と点検」，「DMの送付」，「修理履歴からの追跡」，「Hi-ho（松下電器のサービスプロバイダ）のHP掲載」，「サービスルートによるチラシ配布」などによるコミュニケーション活動を行い，リコール対応に関する告知を展開している．[64]

 第2段階はクライシス休眠期であり，暖房が不要のため，大きな事故や問題は発生していない．夏の間に全販売台数の36.5％となる5万5,499台のユーザー名簿を把握し，そのうちの約3万9,000台の点検修理を完了している．[65]

 第3段階は，2件目の死亡事故の発生した段階である．4月からリコールを実施していた最中の11月21日に，松下製のFF式温風機を使用した死亡事故が再び発生したのであった．リコール中の出来事ということで，事態を重くみた経済産業省は，11月29日に「消費者生活用製品安全法第八十二条に基づく緊急命令」を発令した．こうした緊急命令が出されるのは1974年に法律が施行されて初めてのことである．[66]経済産業省からの緊急命令を受け，翌11月30日になって，ようやく中村社長（当時）が本部長，戸田副社長（当時）が本部長代行として陣頭指揮するFF緊急市場対策本部が立ち上がった．経済産業省からの緊急命令が出されてから，経営幹部が対策本部に入り陣頭指揮をとるというように完全に対応が後手に回っていたといえよう．事業部制がこれまでの松下の強みであったが，逆に，事業部制が不祥事対応に必要な迅速な意思決定を

遅らせる結果となったのである。

　また，12月2日には山形県で，リコールによる点検・部品交換を行ったにもかかわらず，修理のミスが原因とみられる不完全燃焼による一酸化中毒で重体事故が発生している。結果的にリコールに関する信頼性も極度に低下することとなった。この事態を受け，経済産業省も「①早急に事故原因の究明を行うこと」，「②当該温風機の使用者への迅速な情報提供を行うこと」，「③改修済みの製品について，再度安全性の確認を行うこと」を指示し[67]，松下は，松下製の当該温風機の使用者すべてに対して再度コミュニケーションを行う必要に迫られたのである。

　第4段階は，緊急対策が本格化する2005年12月10日以降である。松下の中村社長（当時）の決断により，「人命尊重」と「事故の再発防止」を最優先し，考え得る限りの対策が採られることとなった。製品回収や使用禁止の呼びかけなどで，新聞折込チラシ，テレビ，ラジオスポットCM，自社製品（白物，AV機器，情報機器，照明機器など27商品）に告知チラシを同梱，全国市町村の自治会の回覧板，社員・電力検査員，ショールームなどを通じたチラシの投函，全国灯油購入経路対象に配置・巡回するローラー作戦，地域タウン誌などへの広告掲載，インターネットHPなど，松下グループの全社員も総力をあげて対応を行った。12月下旬までで配布した注意喚起チラシは1億枚以上となっている[68]。このような総力をあげての危機対応により，松下のレピュテーションはかえって高まる結果となった。

第2節　事故発生と株式市場の反応

2.1.　事故発生とリコール

　第1段階の2005年1月，福島県のペンションで松下製の石油温風機による一酸化炭素中毒が起き，2名が死傷したことに端を発している。しかし，松下は直後に同時期に製造した同型の温風機の一部ゴムホースに亀裂が入り，一酸化炭素が漏れている事実を把握していたにもかかわらず，「ごく微量で健康に

は害がない」と判断し、公表を見送っていた。[69]

　1月に起きた福島県の事故以外にも、2月23日には長野県茅野市で2名が入院、4月13日に長野市の美容院で起こった事故では3名が治療を受け、このうち2名が検査入院した。このような度重なる事態を受けて、4月20日に松下もようやく記者会見を行い、温風機が事故原因だったことを認めて謝罪している。1月に死亡事故が起きた時点で、速やかに公表して注意喚起していれば、追加的な事故の発生を防ぐことができた可能性が高いであろう。

　確かに、事件公表のタイミングは非常に遅かったといえるが、原因が特定された後は、積極的に情報開示を行っている。4月20日の記者会見以降、販売経路を通じて顧客名簿を把握し、リコール（回収・無料点検）を実施している。また、新聞の折込チラシやサービスルートによるチラシ配布などを行ったり、DMを送付したり、Hi-ho（松下電器のサービスプロバイダ）のHPに掲載するなど、積極的な情報公開に取り組んでいた。

２．２．事故公表後の株式市場の反応

　第1段階での株式市場の反応をみるために、事故の公表をイベントとしてイベントスタディを行った。事故を公表した記者会見が掲載された日をイベント日として設定し、イベント日の前後20営業日をイベント・ウインドウとした。合計で41営業日と設定している。異常収益率の推計は、第4章における基本的な算出方法と同様に、イベントの120前営業日から21前営業日までの株価終値と日経平均株価の終値を用いてマーケット・モデルにより算出している。

　異常収益率（AR）と累積異常収益率（CAR）を示したものが表5-2であり、CARの推移をグラフにしたものが図5-1である。死亡者を出したほどの中毒事故であり、事件公表の遅さにも問題があった不祥事であるため、イベント日以降には大幅なマイナス値が予想されたが、ARは$t+1$営業日こそ-1.22%とマイナスであったものの、ARもプラスの傾向であり、CARは、$t+10$営業日で7.90%、$t+20$営業日で11.24%とプラスの値を示している。大幅な負のARやCARを確認することはできなかった。図5-1をみれば一目瞭然である。

表5-2 事故公表をイベントとしたARとCAR ($t-20-t+20$)

	営業日	AR	CAR		営業日	AR	CAR
$t-20$	2005/3/24	-0.08%	-0.08%	$t+1$	2005/4/22	-1.22%	3.53%
$t-19$	2005/3/25	1.01%	0.93%	$t+2$	2005/4/25	0.08%	3.61%
$t-18$	2005/3/28	-0.26%	0.67%	$t+3$	2005/4/26	-0.20%	3.41%
$t-17$	2005/3/29	0.20%	0.87%	$t+4$	2005/4/27	0.07%	3.47%
$t-16$	2005/3/30	0.98%	1.85%	$t+5$	2005/4/28	1.12%	4.59%
$t-15$	2005/3/31	-0.02%	1.83%	$t+6$	2005/5/ 2	2.88%	7.47%
$t-14$	2005/4/ 1	-0.24%	1.60%	$t+7$	2005/5/ 6	-0.03%	7.44%
$t-13$	2005/4/ 4	0.88%	2.47%	$t+8$	2005/5/ 9	1.00%	8.44%
$t-12$	2005/4/ 5	1.15%	3.62%	$t+9$	2005/5/10	-1.30%	7.13%
$t-11$	2005/4/ 6	0.33%	3.95%	$t+10$	2005/5/11	0.76%	7.90%
$t-10$	2005/4/ 7	0.02%	3.97%	$t+11$	2005/5/12	-0.40%	7.50%
$t-9$	2005/4/ 8	-0.24%	3.73%	$t+12$	2005/5/13	-0.44%	7.06%
$t-8$	2005/4/11	-0.16%	3.57%	$t+13$	2005/5/16	1.06%	8.12%
$t-7$	2005/4/12	-1.17%	2.41%	$t+14$	2005/5/17	1.54%	9.66%
$t-6$	2005/4/13	0.58%	2.99%	$t+15$	2005/5/18	-0.11%	9.54%
$t-5$	2005/4/14	0.76%	3.75%	$t+16$	2005/5/19	-0.53%	9.02%
$t-4$	2005/4/15	-1.14%	2.61%	$t+17$	2005/5/20	0.21%	9.23%
$t-3$	2005/4/18	1.37%	3.97%	$t+18$	2005/5/23	1.72%	10.94%
$t-2$	2005/4/19	-0.62%	3.35%	$t+19$	2005/5/24	-0.63%	10.31%
$t-1$	2005/4/20	1.03%	4.38%	$t+20$	2005/5/25	0.93%	11.24%
t	2005/4/21	0.37%	4.75%				

(出所)筆者作成

図5-1 事件公表をイベントとしたCARの推移 ($t-20-t+20$)

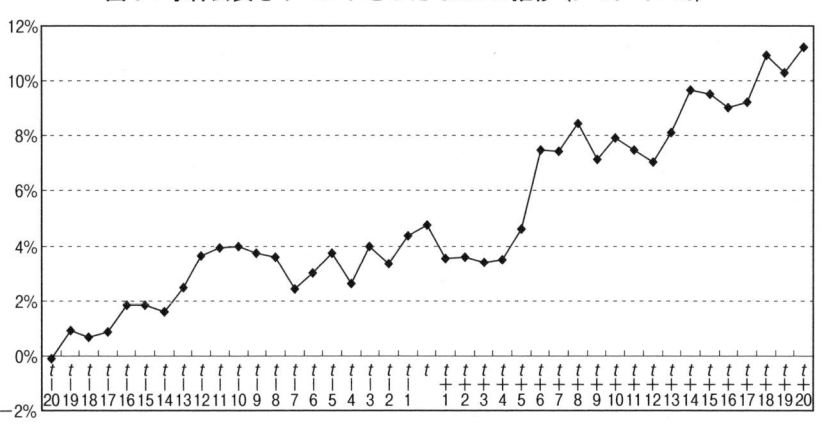

(出所)筆者作成

この時点での松下の不祥事は「対策不備」型であり，株式市場も冷静に判断していた。事故が起こったとされる製品も 14～21 年前の製品であり，事故の原因が，経年劣化によるものなのか，設計ミスによるものなのか，取り付け工法によるものなのかの原因特定が困難であったことも，公表が遅れた要因として許容される範囲内のものであったと考えられる。事故の原因が松下側にあることを認めた後も，リコールを行ったことで市場からは好感を得ていたようである。当時，薄型テレビが好調であったにせよ，対策不備型の不祥事は，株式市場においてはマイナスの大きな影響を与える可能性は低いと考えられる。

2.3. 二人目の死亡事故の発生

第 3 段階は，長野県内で新たな二人目の死亡事故が発生した 2005 年 11 月 21 日からの出来事である。まさにリコールを実施している最中に発生した死亡事故であった。販売から年数が経ち，販売店に顧客リストが残っていないこともあり，2005 年 11 月の段階の点検済みの台数は，販売台数の約 36％にあたる約 5 万 5,000 台にとどまっていた。また，このうちの 16％のホースには穴が開いていたという。[70]

このような事態を重くみて 11 月 29 日には，経済産業省は，「対策が不十分。本格的なシーズンを前に，さらなる強い措置を取る必要がある。」として，「消費者生活用製品安全法第八十二条に基づく緊急命令」[71]を発令した。緊急命令が発令されるのは極めて異例のことであった。松下の組織体質にまで言及される状況になり，行政から命令されて松下は危機対応を本格化させている。

また，死亡事故の発覚後の 2005 年 12 月には山形県で，リコールを行い，点検修理済であった松下製の FF 式温風機を使用していた男性が意識不明の重体になるという事故が発生した。リコールによりゴム製ホースから交換した銅製ホースがはずれ，不完全燃焼を起こしたことが原因とみられている。リコール時の修理ミスが原因で事故が発生するなど，何のためのリコールなのか，リコールの信頼性も低下した。当該製品以外を使用している消費者にとっても，松下は本当に信頼できるのか，松下の行動情報に対して疑心暗鬼にならざるを得

ない。その他にも交換した銅製ホースが外れるトラブルは13件発生していたという。

　さらに信頼性の低下に追い討ちをかけたのは，このようなホースが外れる事例が頻発していた情報が松下本社には伝わっていなかったことが明るみに出たことである[72]。石油温風機を製造し，リコール修理のマニュアルも作成したのは，社内分社の一つである「松下ホームアプライアンス社」(HA)である。HAは，ゴムホースを銅製に交換する修理・点検手順書の作成も担当していた。これを受け取った石川県の販売業者から，「銅製ホースを上向きに取り付けた場合，重みでホースが外れる可能性がある。銅製ホースの接続部のかみ合わせが浅い」などの修理・点検手順の問題点に関する指摘をHAは受けていた。しかし，HAの担当者らはホースの修理方法を再検討したが「見直す必要はない」と判断し，しかもこうした経緯はHA代表を務める松下本社専務には伝達されていなかったのである[73]。

　当時，松下は平成14年3月期に4,000億円を超す巨額赤字を計上していた。

図5-2　松下の主要ドメイン体制

```
                          松下電器産業
  ┌──────────┬──────────────────┬──────────┬──────────┐
  部品分野      AV・通信分野        白物家電      その他
                                    分野          子会社

  半  松  モ    パ  パ  パ  パ  パ    松  ヘ  照    パ  日  松
  導  下  ー    ナ  ナ  ナ  ナ  ナ    下  ル  明    ナ  本  下
  体  電  タ    ソ  ソ  ソ  ソ  ソ    ホ  ス  社    ソ  ビ  電
  社  池  ー    ニ  ニ  ニ  ニ  ニ    ー  ケ        ニ  ク  工
      工  社    ッ  ッ  ッ  ッ  ッ    ム  ア        ッ  タ
      業        ク  ク  ク  ク  ク    ア  社        ク  ー
              エ  A  コ  モ  オ    プ              四
              レ  V  ミ  バ  ー    ラ              国
              ク  C  ュ  イ  テ    イ              エ
              ト  ネ  ニ  ル  ィ    ア              レ
              ロ  ッ  ケ  コ  ブ    ン              ク
              ニ  ト  ー  ミ  シ    ス              ト
              ク  ワ  シ  ュ  ス    社              ロ
              デ  ー  ョ  ニ  テ                    ニ
              ィ  ク  ン  ケ  ム                    ク
              バ  ス  ズ  ー  ズ                    ス
              イ  社      シ  社
              ス          ョ
                          ン
                          ズ
```

(出所)産経新聞，2005年12月10日朝刊，p.8

中村社長は「破壊と創造」を旗印とする構造改革に着手し，グループ会社や事業部の壁を取り払い，図5-2のように新たにドメインと呼ぶ部門制組織に再編し，営業・宣伝機能を本社に集約させていた。この結果，グループ全体間の事業の重複や足の引っ張り合いがなくなり，松下は見事な「V字回復」を果たしている。

しかし，その反面ドメインごとの「自主責任経営」は徹底しており，成果が厳しく問われることになった[74]。このドメインごとの「自主責任経営」が組織間の情報の断絶を生み，グループトップ経営者に情報が伝達されなかった可能性が大きい。本社機構が全社的なコーポレートレベルでの宣伝・広報予算を掌握しているのであれば，全国に情報を伝達する機能も，本社の方が優れていたはずである。

温風機を手がける白物家電部門の社員には「24時間ルール」が義務づけられていたという。深夜・早朝でも事故やクレーム情報を即座に部門トップに伝える仕組みであり，中村邦夫社長も携帯電話メールで部門トップと常時連絡を取るなど「悪い情報」も素早く伝わる経営改革を目指していた[75]。しかしながら，修理後の不具合情報は責任部署には伝わっていなかったのである。当然，当該情報は本社の経営トップまで伝わらなかった。仕組みは作られていたが，現場でのリスク判断が正確にできなければ，情報は上には上がらないであろう。このような組織デザインの運用面での不備があったのではなかろうか。

石油温風機は，白物家電分野の主要ドメインの一つである松下ホームアプライアンス社（HA）が製造し，松下本社の林専務がHAの代表を兼務していたが，林専務自身も[76]「4月に最初の死亡事故を公表した段階では，HAで対応できると考えていた。」と述べているように，危機対応は現場任せであった。危機を認識し，11月に長野県で2件目の死亡事故が発生し，経済産業省から緊急命令が発令された後に，中村社長を本部長とする「緊急対策本部」が設置された。ようやくこの時点で，危機対応がHAから松下本体の主導となったのである。

しかし，消費者からしてみれば，事故を起こしたのは同じ松下電器産業の製品であり，同じ「松下」ブランドを背負っており，松下電器産業が全社として

情報を把握し，対応すべきものであった。確かに，ドメイン体制によりV字回復は達成された。管理会計研究者の櫻井 (2008) がドメイン制の導入による組織改革を驚愕するほどのすばらしい変革と表現したように，ドメイン制には大きなメリットがあったが，このドメイン体制の中で危機対応としての組織デザインがどれほど機能していたかは不明である。このような社内の風通しの悪さが，メディアからの批判を浴びる事態となり，松下の行動情報についてネガティブな要素を増加させている。

2.4. 二人目の死亡事故後の株式市場の反応

第2段階での株式市場の反応をみるために，二人目の死亡事故が公表された日をイベント日としてイベントスタディを行った。イベント・ウインドウは，イベント日の前後20営業日を設定した。異常収益率の推計は，第4章における基本的な算出方法と同様に，イベントの120前営業日から21前営業日までの株価終値と日経平均株価の終値を用いてマーケット・モデルにより算出している。ARとCARを推定したものが表5-3であり，また，図5-3はCARの推移を示している。

表5-3が示すように，イベント日のARは，-1.01%のマイナスを示している。翌 $t+1$ 営業日には，3.11%のプラスの値を一時的に示したが，$t+2$ 営業日以降はマイナスの傾向となった。ARは連続してマイナスの傾向を続け，$t+18$ 営業日以降には-0.93%とマイナスの値を示している。最初の死亡事故の公表の場合には，あれだけ公表が遅かったにもかかわらず株式市場にマイナスの影響はなかった。むしろ，当時の業績の好調さやその後の対応も勘案されて，連続的にプラスの値を示していた。二人目の死亡事故の場合には，その不祥事の情報がマイナスの影響を株式市場に与えることになった。

何が最初の事故とは異なるのか。二人目の死亡事故は，リコールの最中の出来事であり，リコールに関する松下の対応において，対応が不十分であり，点検済みの台数は，販売台数の約36%にとどまっていることなどが公表され，消費者に不安を抱かせた。さらに，リコールによって点検・修理されたはずの

表 5-3 二人目の死亡事故をイベントとした AR と CAR ($t-20-t+20$)

	営業日	AR	CAR		営業日	AR	CAR
$t-20$	2005/10/24	−0.84%	− 0.84%	$t+1$	2005/11/24	3.11%	15.48%
$t-19$	2005/10/25	−0.68%	− 1.53%	$t+2$	2005/11/25	−2.67%	12.81%
$t-18$	2005/10/26	−1.81%	− 3.34%	$t+3$	2005/11/28	0.52%	13.33%
$t-17$	2005/10/27	−0.06%	− 3.40%	$t+4$	2005/11/29	0.08%	13.41%
$t-16$	2005/10/28	1.96%	− 1.43%	$t+5$	2005/11/30	−1.56%	11.85%
$t-15$	2005/10/31	7.42%	5.99%	$t+6$	2005/12/ 1	−0.81%	11.05%
$t-14$	2005/11/ 1	−0.16%	5.83%	$t+7$	2005/12/ 2	0.28%	11.32%
$t-13$	2005/11/ 2	1.91%	7.75%	$t+8$	2005/12/ 5	−0.50%	10.82%
$t-12$	2005/11/ 4	1.89%	9.64%	$t+9$	2005/12/ 6	−2.80%	8.02%
$t-11$	2005/11/ 7	−2.17%	7.47%	$t+10$	2005/12/ 7	−2.44%	5.59%
$t-10$	2005/11/ 8	0.79%	8.26%	$t+11$	2005/12/ 8	−3.37%	2.22%
$t-9$	2005/11/ 9	−0.01%	8.26%	$t+12$	2005/12/ 9	2.61%	4.83%
$t-8$	2005/11/10	−0.30%	7.95%	$t+13$	2005/12/12	−2.86%	1.97%
$t-7$	2005/11/11	0.90%	8.85%	$t+14$	2005/12/13	0.42%	2.39%
$t-6$	2005/11/14	−1.59%	7.26%	$t+15$	2005/12/14	1.35%	3.75%
$t-5$	2005/11/15	−0.34%	6.92%	$t+16$	2005/12/15	−0.89%	2.85%
$t-4$	2005/11/16	1.11%	8.03%	$t+17$	2005/12/16	−1.37%	1.48%
$t-3$	2005/11/17	0.84%	8.87%	$t+18$	2005/12/19	−1.86%	− 0.39%
$t-2$	2005/11/18	3.61%	12.47%	$t+19$	2005/12/20	−1.33%	− 1.72%
$t-1$	2005/11/21	0.91%	13.38%	$t+20$	2005/12/21	0.39%	− 1.33%
t	2005/11/22	−1.01%	12.37%				

(出所) 筆者作成

図 5-3 二人目の死亡事故をイベントとした CAR の推移 ($t-20-t+20$)

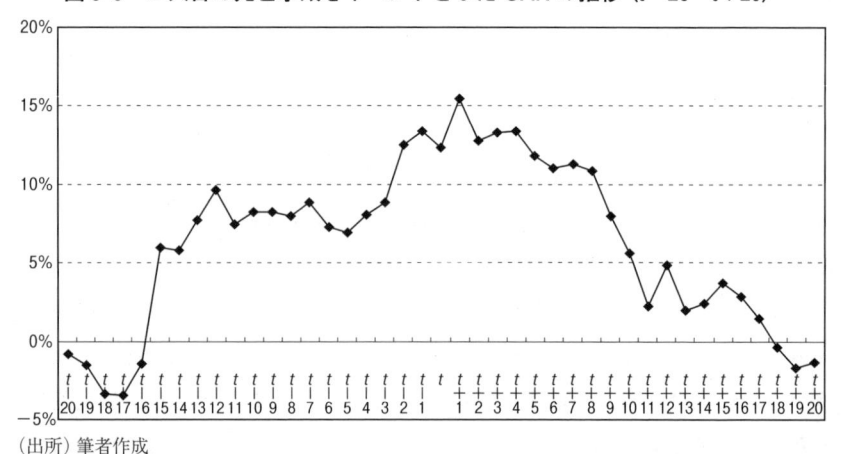

(出所) 筆者作成

ホースがはずれ，入院する事態が発生したこと，またこのような状況が松下本社には伝達されていなかったという組織的な対応の欠如，などが続けて明らかになった。これらのような松下のFF式温風機一酸化中毒事故に対する対応行動に関する情報が，株式市場のマイナスの評価に影響を与えたのである。

　二人目の死亡事故の発生により，最初の死亡事故後から行ってきたリコールを中心とする不祥事対応に評価の中心が移行したのである。しっかりと不祥事対応を行っていれば，大企業組織として同じ過ちは発生しないだろうという暗黙の規範を逸脱していると評価されたのである。最初の死亡事故は「対策不備」型の不祥事と言ってよいであろう。しかし，二人目の死亡事故での行動情報により，「規範逸脱」型の不祥事へと移行したのである。

第3節　信頼回復活動と株式市場の反応

3.1.　クライシスコミュニケーション

　二人目の死亡事故後の11月30日に，ようやく松下本社内に中村社長（当時）を本部長とする緊急対策本部が設置された。この緊急対策本部が設置されてからは，中村社長の決断もあり「人命尊重」と「事故の再発防止」を最優先し，考え得る限りの対策が採られることとなった。その中心となったものは，自社の石油温風機を使用しないことを呼びかけるクライシスコミュニケーション[77]である。具体的な主な対策は表5-4のような内容である。[78]

　テレビCMを注意喚起告知CMに差し替える，多数の社員を動員する，郵政公社が提供する告知はがきである「タウンプラス」を使用して全世帯にお知らせを行うなど，考えられ得るあらゆる手法を使って告知に関するクライシスコミュニケーションが行われた。「自社」の危険な商品を市場から撤退させるために様々な方法で伝達したのである。第1段階から第3段階にかけては，迅速な原因究明が困難であることなどもあり，事実の公表などが遅いと批判を浴びたが，第4段階になりようやく緊急対策やクライシスコミュニケーションが本格化している。

表 5-4 松下電器産業の主なクライシスコミュニケーション内容

	主な内容
テレビ CM	自社製品の宣伝広告を放映していたテレビ CM を 12 月 10 日～19 日まですべて中断して,「お知らせとお願い」というリコール促進と二次被害防止の告知テレビ CM に差し替えを行った。4 月 30 日までの告知テレビ CM の総数は,2 万 8,000 本に上る。
人海戦術・ローラー作戦	個人宅を一軒一軒訪問し,該当の FF 式石油温風機器をもっていないか確認するローラー作戦を実施。また灯油が販売されているガソリンスタンドなど灯油販売ルートを松下の社員が巡回し,灯油購入者にチラシを手渡した。社員は延べ 20 万人が参加。
「タウンプラス」(配達地域指定冊子小包郵便物)	日本全国全世帯へ「お知らせとお願い」に関する告知はがきを 1 月 28 日～2 月中旬にかけて順次配送を行った。「タウンプラス」は,宛名の記載を省略した郵便物を,指定する一定地域の全世帯に郵便局が配達する,日本郵政公社提供のサービスである。このこと自体も話題となった。
新聞広告	お詫びとリコール促進と二次被害拡大防止の告知のための謹告を掲載。
その他	・自社製品(白物,AV 機器,情報機器,照明機器など 27 商品)に告知チラシを同梱。 ・全国市町村の自治会の回覧板への掲出。 ・社員・電力検査員,ショールームなどを通じたチラシの投函。 ・地域タウン誌などへの広告掲載。 ・自社ホームページでの告知掲載。など

(出所)『PRIR』2006 年 7 月号などを参考に筆者作成

表 5-4 のようなコミュニケーション活動の総費用は,2005 年だけで 249 億円にものぼったという[79]。このような多額の費用を投じ,通常の販売促進活動と同等以上に,被害対応の明確化,つまり,自社製品を使用せずに修理・点検して欲しいというメッセージを送り続けたのである。松下本社が総力をあげて,被害対応に関する情報を発信し続けたクライシスコミュニケーションであった。

3.2. 一般消費者による企業評価の変化

では実際に,被害対応に関する情報を発信し続けたクライシスコミュニケーションの前後では,企業評価はどのように変化したのかインターネットによる消費者意識調査[80]を行ってみた。総合的な企業評価の変化の結果が図 5-4 である。

調査結果によれば,「変化しない」が 46.5％と一番のボリュームゾーンであ

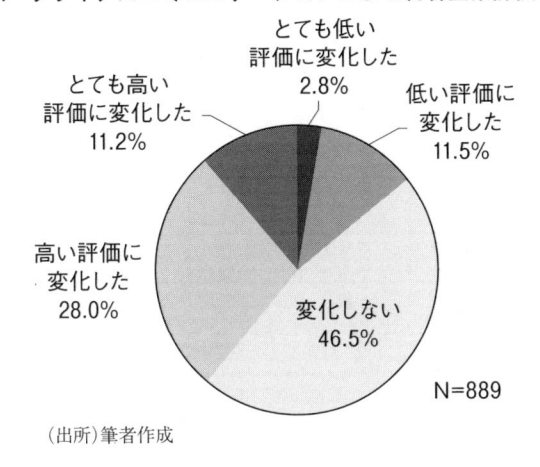

図 5-4　クライシスコミュニケーションによる総合企業評価の変化

- とても低い評価に変化した　2.8%
- 低い評価に変化した　11.5%
- とても高い評価に変化した　11.2%
- 高い評価に変化した　28.0%
- 変化しない　46.5%

N=889

（出所）筆者作成

った。しかし，企業評価を下げることが当たり前のクライシスの状況下で変わらない評価を得ることは困難を極める。不信はいったん形成されると強化され，永続されるものである[81]。それにもかかわらず「高い評価に変化した」「とても高い評価に変化した」の両者をあわせてみると，何らか高い評価に変化した消費者は，39.2%にも上っている。評価が低くなった消費者の合計（14.3%）と比較してみると，クライシスコミュニケーションや危機対応の方法によっては，一般消費者による企業評価の低下を防ぐだけではなく，逆に評価が向上する可能性も存在することが示唆された。

　松下は，クライシスコミュニケーションとして「お知らせとお願い」と称したお詫びと二次被害拡大防止のための製品回収の呼びかけ（促進）を行った。実に様々な手段を通じてこれらの内容が伝えられたが，それぞれのクライシスコミュニケーションの活動についての評価を[82]，「とても評価する」から「評価できない」までの5段階の尺度で評価してもらい，その結果をもとにそれぞれの活動が総合企業評価とどの程度関係があるのかを確認するために相関分析を行った。表5-5がその結果である。

　相関係数をみてみると，「自社製品の宣伝広告をお詫びと回収促進の告知の

表5-5 総合企業評価との相関分析

	謝罪会見	新聞広告	地域タウン誌広告	テレビCM差し替え	タウンプラス	灯油販売所でのチラシ
相関係数	0.416	0.460	0.410	0.464	0.410	0.367
有意確率（両側）	0.000	0.000	0.000	0.000	0.000	0.000
N	889	889	889	889	889	889

	電力検査員による個人宅訪問	街頭	個人宅訪問	自治体掲示板	フリーダイヤル24時間受付
相関係数	0.339	0.362	0.305	0.373	0.359
有意確率（両側）	0.000	0.000	0.000	0.000	0.000
N	889	889	889	889	889

* 統計ソフトはSPSSを使用
* 相関係数はkendallの順位相関係数
（出所）筆者作成

　テレビCMに内容を差し替えた（テレビCM差し替え）」が0.464、「全国紙などへの新聞広告によるお詫びと回収促進の告知（新聞広告）」が0.460と比較的高い数値を示している。「（新聞・テレビなど）広告により注意喚起および回収促進のお知らせを徹底して行うこと」と「総合的な企業評価の向上」には、統計的に有意な高い相関があることが確認された。調査対象の一般消費者は、松下のすべての危機対応行動を知ることができず、何らかの広告に接触した確率が高いことから相関係数の数値が高くなっているかもしれない。

　しかし、テレビCMの高いコストをかけてまで自社製品を使用しないように呼びかけるクライシスコミュニケーションを積極的に展開したことは一定の評価につながったと考えられる。クライシスが発生した場合に、これまでのテレビCMに関しては、自社製品の宣伝用テレビCMを「AC（公共広告）」に差し替えなどを行うなど、自社CMを中止することが日本では一般的であった。そのことを考えれば、松下の対応は画期的なことであろう。また、全世帯に配布する郵政公社のタウンプラスをクライシスに初めて使用するなど、多額のコストをかけ、自社製品の使用危険啓発および回収告知の情報伝達を徹底させることで、企業評価の低下を防いだのである。

3.3. クライシスコミュニケーションと株式市場の反応

　積極的なクライシスコミュニケーションが，消費者からの企業評価の向上につながったことを前項では確認した。クライシスコミュニケーションの株式市場への影響を確認するために，テレビCMをすべて「お詫びとお知らせ」の告知広告に差し替えた後に行われた記者会見をイベント日とするイベントスタディを実施した。この記者会見では積極的なクライシスコミュニケーションを受けて，名簿把握台数の進捗状況を公表している。

　イベント・ウインドウは，イベント日の前後21営業日と設定し，正常リターンの推計は，イベント前の100営業日からイベント前日までの推定期間として算出している。このことにより，イベント前日までの不祥事によるマイナスの影響が正常リターンに織り込まれることになる。記者会見をイベントとして推計したARとCARをまとめたものが表5-6である。また，図5-5はCARの推移をグラフにしている。

　イベント日のARは-2.03％であり，$t+2$営業日で1.51％，$t+4$営業日で0.26％と若干プラスの値を示しているものの，$t+5$営業日で-2.85％とマイナスの値を示し，イベントの影響はすぐにはプラスに働くものではなかった。しかしながら，年越し後の$t+10$営業日以降から，ARは連続的にプラスの値を示し，CARも$t+17$営業日には-4.16％という値にまで回復している。ARが上昇し始めた$t+9$営業日（2006年1月4日）前後には，松下に関する大きな記事掲載がないことを考慮すれば，12月から実施してきたクライシスコミュニケーションが株式市場からもプラスの評価を獲得したと考えることができる。

　二人目の死亡事故発生以降の市場の評価は「規範逸脱」型の不祥事へと移行し，CARも低下した。しかし，テレビCMを告知広告に差し替えることや全社員によるチラシ配布などの様々なクライシスコミュニケーションにより，松下は消費者を第一に考えているという企業姿勢が伝わることで再び高い評価を得ることができたのであろう。これ以上消費者に被害を拡大させないための告知を徹底して行うという行動情報が，消費者に評価され，毀損した社会関係資

表 5-6　告知広告実施後の記者会見をイベントとした AR と CAR ($t-20 - t+20$)

		AR	CAR			AR	CAR
$t-20$	2005/11/21	0.79%	0.79%	$t+1$	2005/12/21	−0.49%	−16.46%
$t-19$	2005/11/22	−1.03%	− 0.23%	$t+2$	2005/12/22	1.51%	−14.95%
$t-18$	2005/11/24	3.07%	2.84%	$t+3$	2005/12/26	−0.19%	−15.14%
$t-17$	2005/11/25	−2.73%	0.10%	$t+4$	2005/12/27	0.26%	−14.88%
$t-16$	2005/11/28	−0.06%	0.04%	$t+5$	2005/12/28	−2.85%	−17.73%
$t-15$	2005/11/29	0.34%	0.39%	$t+6$	2005/12/29	−0.25%	−17.98%
$t-14$	2005/11/30	−1.32%	− 0.93%	$t+7$	2005/12/30	1.85%	−16.12%
$t-13$	2005/12/ 1	−1.55%	− 2.48%	$t+8$	2006/ 1/ 4	−0.84%	−16.96%
$t-12$	2005/12/ 2	−0.56%	− 3.04%	$t+9$	2006/ 1/ 5	−0.46%	−17.42%
$t-11$	2005/12/ 5	−0.83%	− 3.87%	$t+10$	2006/ 1/ 6	1.76%	−15.66%
$t-10$	2005/12/ 6	−2.34%	− 6.21%	$t+11$	2006/ 1/10	1.54%	−14.12%
$t-9$	2005/12/ 7	−2.55%	− 8.76%	$t+12$	2006/ 1/11	2.89%	−11.23%
$t-8$	2005/12/ 8	−2.39%	−11.15%	$t+13$	2006/ 1/12	1.46%	− 9.77%
$t-7$	2005/12/ 9	2.00%	− 9.15%	$t+14$	2006/ 1/13	4.20%	− 5.57%
$t-6$	2005/12/12	−3.81%	−12.96%	$t+15$	2006/ 1/16	−1.61%	− 7.18%
$t-5$	2005/12/13	0.37%	−12.59%	$t+16$	2006/ 1/17	0.47%	− 6.71%
$t-4$	2005/12/14	2.36%	−10.23%	$t+17$	2006/ 1/18	2.55%	− 4.16%
$t-3$	2005/12/15	−0.19%	−10.41%	$t+18$	2006/ 1/19	−3.12%	− 7.28%
$t-2$	2005/12/16	−1.05%	−11.47%	$t+19$	2006/ 1/20	2.76%	− 4.52%
$t-1$	2005/12/19	−2.47%	−13.94%	$t+20$	2006/ 1/23	−0.90%	− 5.42%
t	2005/12/20	−2.03%	−15.96%				

(出所) 筆者作成

図 5-5　告知広告実施後の記者会見をイベントとした CAR の推移 ($t-20 - t+20$)

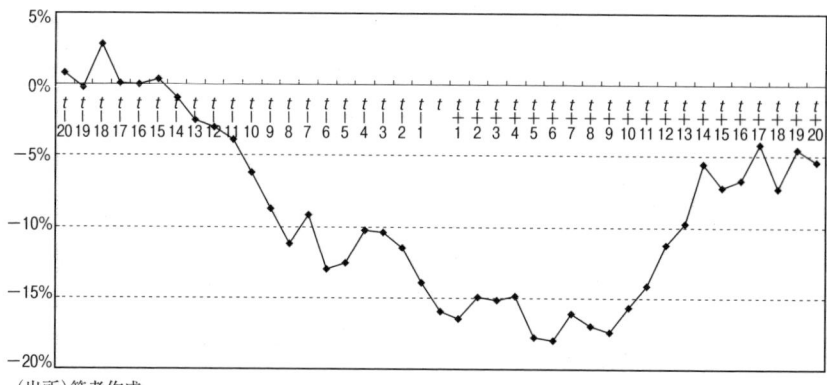

(出所) 筆者作成

本を回復することにつながったのである。

第4節　まとめ

　事件発覚当初の対応が遅く被害が拡大する傾向にあったが，松下本社が緊急対策本部を設置して以降，グループが総力をあげて取り組んだクライシスコミュニケーションにより，松下の毀損した社会関係資本が修復される傾向になったことを提示した。

　本来，松下本体として全社対応を行っていれば，2件目の被害はここまで拡大しなかったはずである。危機対応を社内分社の「松下ホームアプライアンス社（HA）」に11月の二人目の死傷者がでるまで任せており，松下全社としての対応は消極的であった。主要な広報・宣伝機能が本社にあり，リコール対応を告知させるためには莫大な費用がかかることを考慮すれば，松下本体として行動を起こすための危機意識が不足していたように思われる。事実情報を先んじて集約できる完全な組織デザインではなかったのである。ドメイン制導入の弊害でもあり，情報がトップにまで流通する仕掛けが必要であった。

　前述したように企業は契約関係から成り立っている「契約の束」である。この契約関係には，明示的な契約関係のみならず，社会的な規範や企業の長年の行動によって培われた暗黙的な契約関係，即ち，不完備契約関係が含まれている。この契約関係が企業内外の様々な取引関係を成立させており，この契約関係から派生する様々な取引は企業そのものの実態なのである。危機は，経営者も予期していなかった不完備契約の世界の出来事である。

　松下のケースでは，販売後に随分と年月が経っており，業界基準では，石油温風機の品質保証期間は7年，販売して10年以上経過した商品は製造物責任（PL）法上の賠償責任はない[83]が，社会的規範や社会的倫理の上から考えても，松下が責任をもって迅速に対応することが社会から望まれている暗黙的契約であった。その暗黙的契約を迅速に守ることができるかが重要なポイントであったはずである。

事業部制により，事態の深刻さが，本社（経営者）に情報として行き渡らず，松下全社としての適切な意思決定が十分にできなかったことも考えられる。最初の段階で，社会との暗黙的契約がどのようなものか把握し，契約を履行していれば第二の被害者は出なかったであろう。最初の死亡事故は「対策不備」型の不祥事として市場は受け入れていたが，二人目の死亡事故の発生で「規範逸脱行動」型の不祥事へと移行したのである。大企業として同じ過ちは発生しないだろうという暗黙の規範を逸脱し，社会関係資本が毀損し，企業価値が低下すると市場参加者に予測されたのである。「規範逸脱行動」型の不祥事に移行してしまったことで，急速に社会関係資本が毀損し，その影響がCARにもマイナスの値となって示されることとなった。

　経営者にとって予期していない出来事のため，どのように対応すべきか意志決定を瞬時に行うことは難しい。一方，消費者の立場では，不祥事を起こした企業は社会的に倫理的と考えられる行動を迅速にとることを期待している。このギャップが「クライシス」をより拡大させるのである。社会的倫理という規範の基準を判断するのは経営者の役割である。社会との暗黙的契約がいかなるものなのかを把握・理解し，迅速に意思決定を行うことが経営者には求められている。またそのような経営者の意思決定が迅速にできる組織的な仕組みづくりが，クライシスコミュニケーションの観点からも求められる。

　松下の危機対応の中で，市場が評価したのは，緊急時におけるクライシスコミュニケーションであった。危機が発生した際に企業の信頼を大きく左右するのは，危機そのものよりも，危機が発生したことに対し，どのように対応したかである。クライシスコミュニケーションは，不測の事態発生に際し，企業評価低下のダメージを早期かつ最小限に抑えるコミュニケーション活動であり，社会規範や倫理の面からも企業が行うものとして求められるものであろう。クライシスコミュニケーションによる対応が，社会的に倫理的と考えられる場合は，その企業の対応の誠実さや熱心さ等が伝わり，企業イメージを損なわず，返って評価を得ることにつながる。そして，売上やブランド価値が一時的に減少したとしても，長期的には深刻なダメージを受けずに企業の評価を回復でき

る場合がある。

　今回の松下のケースのような，二次被害者を出してしまう可能性のあるクライシスが発生した場合には，被害対応の明確化がポイントであった。つまり，テレビCMなどの広告手段をも含めたあらゆる手段を使って，二次被害の拡大を防ぐために，自社製品を使用しないことを呼びかけるコミュニケーション活動を積極的に行うことが重要であるとの示唆を得た。特に広告コミュニケーションと企業評価の維持・向上には統計的に有意な高い相関があることを確認した。社会心理学が専門である吉川も[84]「通常の販売活動ではあらゆるチャネルを使って広告しているにもかかわらず，事件・事故に限って企業がそうしていないと，消費者は考えていることだろう。」(『PRIR』, 2007, p. 25)とコメントしている。危機が発生した際には，宣伝販促活動と同様に，様々なあらゆる手段を通じて社会とコミュニケーションを図り，自社の利益を顧みずに消費者の安全を第一に考える姿勢を示すことが重要なのである。[85]そのことで自社の毀損した社会関係資本を修復することができるのである。松下が責任をもって迅速に対応することは社会から望まれている暗黙的契約であり，今回のケースでは，極めて対応は遅かったが，その契約の履行が企業評価の調査結果やARやCARに表れていたのであろう。

注

61) 毎日新聞，2005年4月21日
62) 毎日新聞，2005年4月21日
63) 読売新聞，2005年4月21日
64) 雑誌『PRIR』2006年7月号，p. 21
65) 雑誌『PRIR』2006年7月号，p. 21
66) 朝日新聞，2005年11月30日
67) 経済産業省ニュースリリース「松下電器産業（株）の石油温風機に係る事故報告について（2007年12月5日）」
68) 読売新聞，2005年12月24日夕刊，p. 15
69) 毎日新聞，2005年4月21日朝刊，p. 29
70) 読売新聞，2005年11月30日朝刊，p. 38

71)「消費生活用製品安全法」は，消費生活用製品による一般消費者の生命または身体に対する危害の発生の防止を図り，消費者の利益を確保することを目的として，昭和49年3月に施行。具体的には次のような内容である。「第八十二条　主務大臣は，消費生活用製品の欠陥により一般消費者の生命又は身体について重大な危害が発生し，又は発生する急迫した危険がある場合において，当該危害の拡大を防止するため特に必要があると認めるときは，政令で定める場合を除き，必要な限度において，その製品の製造又は輸入の事業を行う者に対し，その製造又は輸入に係るその製品の回収を図ることその他その製品による一般消費者の生命又は身体に対する重大な危害の拡大を防止するために必要な応急の措置をとるべきことを命ずることができる。」
72) 産経新聞，2005年12月10日朝刊，p.8
73) 読売新聞，2005年12月7日夕刊，p.1
74) 産経新聞，2005年12月10日朝刊，p.8
75) 日本経済新聞，2005年12月10日朝刊，p.3
76) 産経新聞，2005年12月10日朝刊，p.8
77)「クライシスコミュニケーション」は，「危機（緊急事態）が発生してから修復時までのコーポレート・コミュニケーション活動」（猪狩・上野・剣持・清水・城，2002, p.132）である。「クライシス」は「危機」と訳されるが，企業にとっては，災害や事故などから製品関連・人事関連・情報管理関連などのトラブルに至るまで多岐に渡り，Mitroff（訳書2001）も指摘するように様々なタイプの危機が存在する。その定義は大泉（1993, p.39）によれば，「危機」は「システム全体に物的影響を与え，基本理念つまりシステムそのものの抽象的意義やシステムの実在する核心事項を脅かす破壊」であり，吉川（1999, p.17）は，組織における「クライシス」を「高いレベルの不確実性を創り出し，組織の重要な目的を脅かす，予期しない，日常活動にない（一連の）できごと」と定義している。いずれにせよ「クライシス（危機）」が発生することで，組織というシステム自体や組織の目的が脅かされる事態となる。それは組織と社会の信頼関係が崩壊することを意味するのである。「クライシス」が発生した場合，社会的に倫理的と考えられる行動を図り，失われた「信頼」関係を回復し，適切な企業評価を獲得する必要がある。この活動が「クライシスコミュニケーション」である。
78) 雑誌『PRIR』2006年7月号，宣伝会議，pp.20-25と『読売新聞』2005年12月24日を参考にしている。
79)『PRIR』2006年7月号，宣伝会議，p.21

80) 調査の概要は以下の通り。
・調査方法：Yahoo! リサーチ・モニター調査
・調査票タイトル：「企業の評判に関するアンケート」
・調査期間：2006 年 12 月 1 日～ 2006 年 12 月 5 日
・調査対象：東京都 / 大阪府在住 15 ～ 65 歳の男女
・サンプル数：4272s
・有効回答数：889
81) 吉川（1999），p. 136 参照。
82) 実際の調査項目は次の通りである。「謝罪会見によるお詫びと回収促進の告知」「全国紙などへの新聞広告によるお詫びと回収促進の告知」「地域タウン誌などでの雑誌広告でのお詫びと回収促進の告知」「自社製品の宣伝広告をお詫びと回収促進の告知のテレビ CM に内容を差し替えた」「日本全国全世帯へのはがき（配達地域指定冊子小包郵便）を利用したお詫びと回収の告知」「ガソリンスタンドなど灯油販売先でのお詫びと回収促進のチラシの配布」「電力検査員による個人宅へのお詫び訪問と回収促進のチラシの配布」「街頭でのお詫びと回収促進のチラシの配布」「個人宅を一軒一軒訪問し，お詫びと当該温風機の有無の確認」「全国の市町村の自治体の掲示板に，お詫びと回収促進の告知のチラシを掲出」「フリーダイヤル電話での 24 時間受付」
83) 毎日新聞，2005 年 12 月 6 日
84)『PRIR』2006 年 7 月号，p. 25
85) アメリカのジョンソン・アンド・ジョンソン（J&J）社のタイレノール事件はクライシスコミュニケーションの著名な事例であるが，この事例でも次のような「様々なあらゆる手段」を通じて，消費者の安全のために全責任を負い，小売価格で総額 1 ドルに達する約 3,100 万本のビン，小売価格にして 1 億ドルを回収している。
・メディアに対するコミュニケーションをオープンにする。
・メディアを通じて，全米の消費者に対して「タイレノール」を服用しないように警告する。
・メディアで，"J & J 社が最も大事にしているは消費者の安全である"とういうようなメッセージを，毎回伝えるようにし，今回の事件に対しての企業の社会的責任を訴求した。
・全米の医者，病院，流通業者にタイレノールを使用・販売しないように電報で通知する。

- 犯人の逮捕に直接役立つ情報提供者に10万ドルの賞金を提供する。
- 新聞広告にタイレノールのカプセルをタブレットに交換すると消費者に呼びかける。
- 国会議員を訪問し，薬物混入罪の法制化に向けて支持を呼びかける。

3,100万本のタイレノールの回収によって，J&J社の1982年第3四半期における1株当たりの純利益は，前年同期の78％から51％に下落したが，クライシスコミュニケーションの結果，その後13億ドルの鎮痛剤市場のシェアは，事件当時の7％から32％まで回復している。また1987年に行われたアンケート結果では，回答者の91％の人々がJ&J社はタイレノール危機において尊敬に値する態度をとったと答えている。このような「クライシス」時のJ&J社の対応は，2代社長が掲げた経営理念「Our Credo」が行動の基準とされ，その経営理念とともに高い評価を得ている。("5 Die in ILL After Taking Painkiller", *The Chicago Sun*, Oct. 1, 1982, "Tylenol's Makers Shows How to Respond to Crisis", *Washington Post*, Oct. 11, 1982, Mitroff訳，2001, pp. 29-37)

第 6 章

総 括

第1節 要　約

　本論文は，第1章から第6章までの6つの章で構成されている。以下では順を追って本研究の論述をまとめておく。

　第1章のイントロダクションでは，企業資本における社会関係資本に関する市場の評価という本研究の主要な研究背景，問題意識，研究目的について明らかにされ，本論文の全体構造が記述されている。本研究の目的は，企業不祥事の情報による株式市場の反応を検証することにより，社会関係資本の影響を測定し，企業資本としての社会関係資本の市場の評価について考察することであった。本研究で企業不祥事を扱うのは，市場による企業評価において社会関係資本による影響だけを峻別して評価することには困難を伴うが，企業不祥事における市場の反応ということであれば，社会関係資本の毀損を測定し，企業資本としての社会関係資本を評価することが可能であると考えられたためである。

　そして，社会関係資本について，Putnam, R. に代表される社会学分野の研究成果や信頼研究などの社会心理学分野の研究成果，知的資本論などの経営学分野など様々な視点から学際的にレビューし，その上で企業資本における社会関係資本の評価について考察するためのフレームワークを提示している。社会関係資本は，信頼，規範，ネットワークなどを基礎とする社会的なつながりに価値を置く資本であり，取引の効率化を促す効用をもたらす資本であることを確認した。また，先行する知的資本論をレビューし，そこに含まれる社会関係資本概念を抽出して，市場の評価する企業資本において社会関係資本をプロッ

トし，評価のフレームワークを導出した。企業における社会関係資本は，組織の行動様式の中に埋め込まれた資本であり，組織内での価値を創出するような風通しの良い企業風土や営業活動の繰り返しなどの組織構成員の労働サービスの費消により蓄積される資本ストックとして知的資本とは明確に区別し，無形資本の内に位置づけている。

　第2章では，企業資本とブランド資本との関係を整理し，その上で市場の評価における社会関係資本に関係する情報内容を検討している。ブランド資本は，取引や情報交換の繰り返しにより，あらゆる資本の評価情報（評判）の蓄積により構築される。市場は，企業が提供する製品やサービスの属性情報だけではなく，経営者および組織の行動情報を織り込んで評価しており，その評価情報の蓄積により，ブランド資本が構築されるのである。そして，社会関係資本は，顧客やステークホルダーとの関係性を良好にすることで，取引や情報交換を円滑に支援し，ブランド構築の促進に影響を与える資本であることを確認した。市場参加者が収集する社会関係資本を意図する情報は，経営者や組織の行動情報であり，市場はその行動情報を含めて評価していることが検討された。

　第3章では，前章までの議論を受けて，1992年から2007年までの15年間に新聞掲載され，データ取得が可能な70件の企業不祥事をサンプルに，株式市場の反応についてイベントスタディ法による実証研究を行った。特に社会関係資本の毀損を明確に推定するため，企業不祥事を要因・影響別に分類してイベントスタディを行っている。分類では，偽装や虚偽などの規範逸脱行動が問題となる不祥事（行動情報が問題）と，欠陥商品や設計ミスなどの対策不備が問題となる不祥事（属性情報が問題）に大きく分類している。行動情報に問題のある不祥事は，社会関係資本に関係することになる。推定結果の分析により，次のような示唆を得た。① 規範逸脱行動に起因する不祥事は有意に株価に負の影響を与える。② 行動情報に問題があり，最終消費者を裏切るような不祥事は，最も負の影響を与え，直ぐには株価も回復せず長期的に負の影響をもたらす。また，この不祥事は発覚直前に市場の参加者に，不祥事の情報が漏れており株価に負の影響を与えている。③ 企業・組織としての規範逸脱行動に起因する

不祥事は，長期的に株式をもち続けることで株主に損害を与える可能性が高まっていく。④ 製品に関する不良・欠陥は，対応次第では株価に負の影響を与える可能性は少なく，むしろ長期的には株価の所有で利益を得る可能性は否定できない。

　実証結果からは，規範逸脱行動に起因する行動情報に問題のある不祥事は，有意に株式に負の影響を与えることが実証された。つまり，社会関係資本の毀損が，企業価値に多大な負の影響を与えるのである。また，同じ不祥事でも，製品不良・欠陥や設計ミスや対策ミスなどの対策不備型の不祥事については，イベント自体の直接的な影響はほとんどなく，不祥事発覚後の謝罪，原因究明，再発防止策などの対応を適切に行うことによって，むしろ市場からプラスに評価される可能性があるという実証結果を得た。小佐野・堀（2006）の先行研究では同じ製造物責任に関する不祥事に分類されるが，社会関係資本の毀損により株価の影響に大きな違いが生まれる。市場参加者は社会関係資本を評価しているのである。

　また，不祥事により最悪の場合には，経営者の辞任に追い込まれるケースもみられるが，経営者辞任は，新経営体制により再発防止策が公表されることもあり，市場はプラスに反応することが明らかとなった。市場に対して，いかに再発防止策を公表し，その姿勢を見せるかということが重要な不祥事対応策となるのである。しかも，短期に再発防止の姿勢を公表する方が長期的には株主の価値を高める可能性があることが示されている。

　第4章では，2000年に起こった雪印乳業による集団食中毒事件に関するケース・スタディを用いて計量的な分析だけではなく，不祥事の際に起こった事象を詳述し，その際の経営者の行動と株価の関係について分析を加えている。雪印乳業の集団食中毒事件は，原料生産工場での氷柱の落下が原因である対策不備型の不祥事であった。しかし，ケース・スタディによれば，対策不備型の不祥事であったものが，その緊急時の経営陣の初期対応の誤りにより，規範逸脱行動型の不祥事に移行してしまった点を筆者は指摘している。経営者の不用意な発言や事実情報の食い違いが不信を招き，規範逸脱行動と捉えられたので

ある。社会関係資本は経営者の行動に影響を受け，その評価は変化しやすいものであるとの示唆を得た。

第5章では，2005年に起こった松下電器産業によるFF式石油温風機一酸化炭素中毒事故をケース・スタディとして取り上げている。最初に起こした死亡事故では，対策不備型の不祥事としてARが低下することも無く市場は受け入れていたが，二人目の死亡事故の発生では，規範逸脱行動型の不祥事へと移行したことが明らかとなった。大企業として同じ過ちは発生しないだろうという暗黙の規範を逸脱した結果である。規範逸脱行動型の不祥事に移行してしまったことで，急速に社会関係資本が毀損し，その影響がARにもマイナスの値となって示された。

しかし，松下本社が緊急対策本部を設置し，経営者がコミットし，グループが総力をあげて対策に取り組んだクライシスコミュニケーションにより，CSRもプラスに回復をみせ，松下の毀損した社会関係資本は修復される傾向にあることが確認された。経営者の行動情報を市場は評価したのである。被害者をはじめとするステークホルダーに対して，不祥事対応における経営者の姿勢をクライシスコミュニケーションとしていかに共感させるかが重要であり，クライシス・マネジメントのあり方に示唆を得た。

第2節　主要結論

本研究の目的は，企業不祥事の情報による株式市場の反応を検証することにより，社会関係資本の影響を測定し，企業資本における社会関係資本の市場による評価について考察することであった。本研究は，前節で述べたような体系的な記述を辿り，2つの主要な結論を導き出している。

第一に，理論的な分析として，企業資本における社会関係資本を評価するためのフレームワークを導出している。フレームワークでは，社会学分野での研究成果も取り入れ，社会関係資本を，知的資本や人的資本とは別の企業資本を構成する新たな資本として明確に位置づけている。企業の内部では，結束型ネ

ットワークにより企業内部の情報共有を促進し，人的資本を活性化し組織知として無形資本を産み出すことに役立つ資本である。企業外部では，橋渡し型および結束型ネットワークにより，顧客やステークホルダーとの良好な関係構築を図ることに役立つ資本であり，企業にとって取引の効率化という効用をもたらす資本であると整理している。

　また，社会関係資本は企業の行動情報に関係が深い資本であると考えることができる。社会関係資本は，組織の行動様式の中に埋め込まれた資本であり，組織内での価値を創出するような風通しの良い企業風土や営業活動の繰り返しなどの労働サービスの費消により蓄積される資本ストックとして位置づけて評価する視座を与えている。

　市場は，企業の製品やサービスの品質に関する属性情報だけを評価するのではなく，その製品やサービスを提供する企業のマーケティング活動のほか，コンプライアンスやCSRを含めたあらゆる組織の行動情報をも評価する。組織の行動情報が付加されることで相乗効果をもたらし，その企業が提供する商品の信頼性や顧客との関係性を構築するプロセスを市場は評価するのである。

　企業が販売取引などの労働サービス（例えば，営業活動の繰り返し）や情報のやり取り（例えば，PR活動）を繰り返し，組織の行動情報を積み重ねることで，顧客やステークホルダーとの関係が構築され，社会関係資本が蓄積される。顧客は，組織の行動情報と製品・サービスの属性情報を併せて評価し，その評価情報を別の第三者に対し情報発信することになる。この第三者による評価情報の伝達がレピュテーションである。このレピュテーションが別の第三者の中に蓄積されることで，ブランド資本が形成され，企業に超過利潤をもたらすのである。

　社会関係資本の役割は，顧客やステークホルダーとの持続的関係性を円滑にし，良好なレピュテーションを生み出し，ブランドを創出しやすくすることにある。本研究での企業資本における社会関係資本の分析フレームワークは，そうしたブランド構築の理論を含めて拡張されている。企業評価を高める企業ブランド構築においては社会関係資本の充実が必要であり，企業資本を構成する

要素としても欠かせないものとなっていることを示した。

　第二に，不祥事企業をサンプルにしたイベントスタディ法による分析により，市場参加者は規範逸脱行動に着目し，社会関係資本を評価していることを示している。最終消費者に影響を与えるような企業の規範逸脱行動を伴う不祥事は，株価に最もマイナスの影響を与える。反対に，最終消費者に何らかの影響を与えても規範逸脱行動を伴わない不祥事（対策不備型，品質不良，商品欠陥など）は，株価にマイナスの影響を与える可能性が低いことが実証された。企業の行動情報に関係する資本は社会関係資本であり，規範逸脱を伴う行動情報は，企業の蓄積してきた社会関係資本を大幅に毀損させ，企業価値を低下させるものである。市場は規範逸脱行動を評価し，社会関係資本の毀損を予測する材料とするのである。社会関係資本が充実していなければ正常な企業経営を行うことはできず，社会関係資本は企業資本にとって重要な構成要素であるといえよう。

　また，ケース・スタディによる実践的な分析から，そもそも品質不良，欠陥など対策不備型の不祥事であったとしても，その後の経営者の行動や対応次第によっては，規範逸脱型の不祥事として市場に評価されてしまい，過大にマイナスの影響を受ける可能性があるとの示唆を得た。不祥事において，市場の参加者は企業の行動情報を評価しており，不祥事発生後の対応が極めて重要であることを実証的に検証し，これらの検証は，危機管理マネジメントの実務への応用に大いに寄与するものであると考える。

第3節　含　　意

　本研究の含意を理論的含意と実践的含意に分けると，次のようになる。
　理論的含意に関しては，第一に，社会学などの他研究分野の先行研究を取り込むことにより，学際的な視野に立ち，企業資本における社会関係資本の評価という新しい研究領域を切り開いている。社会関係資本のような，信頼，規範，ネットワークといった見えざる資本は，その重要性は指摘されながらも，これまでの伝統的経済学の枠組みでは，議論の中心ではなく所与として与えられて

きた部分である。また，知的資本経営にかかわる経営学分野の枠組みにおいても，関係資本，知的資本，人的資本の一部や顧客資本の一部などとして曖昧な形で触れられているものの，社会関係資本が具体的に明示されることはほとんどなかった。

本研究では，社会学を中心に研究が進展している社会関係資本の概念を導入し，企業不祥事を研究サンプルに，企業における新しい資本として社会関係資本を位置づけて評価する可能性をひらいたつもりである。社会関係資本自体に資本という概念を用いることを否定する研究者も存在するが，社会関係資本が将来に何らかの効用をもたらすことは明らかであり，それは資本と称することができよう。今後，社会関係資本の概念が，経営学領域にも一層応用され，更なる研究が期待される。

また，第二に一般的な企業不祥事と株価に関する実証研究は，国内ではまだ研究は十分にされておらず，本研究は不祥事と株価という研究領域に新しい知見を提供している。不祥事を対策不備型と規範逸脱行動型に分類して，イベントスタディ法で分析を行うことで，特に対策不備型の不祥事については，株価に対して負の影響を与えることが小さい可能性があると確認されたことには大きな意味があると考えられる。

商品欠陥や設計ミス，顧客情報流出など事前の対策を万全にしておけば防止することが可能であった不祥事については，市場には許容力が存在し，大きな負の影響を受ける可能性は小さい。対策不備型の不祥事の場合は，謝罪や原因究明，再発防止策の公表など，不祥事対応が適切に粛々と行われていれば問題となる可能性は低いといってよいであろう。対策不備型の不祥事の場合には，経営者は動揺することなく冷静に不祥事対応の最終判断を行えばよいのである。問題となるのは，そのような不祥事が起こった後の対応行動なのである。緊急時に経営者がパニック状態になってしまい不祥事対応が常に後手を取ることで，あの企業ならばしっかりと不祥事の対応をしてくれるはずという規範の許容度を超えてしまい，いつの間にか規範逸脱型の不祥事に移行してしまうことが問題なのである。

実践的含意としては，分析フレームワークや各種調査から得られたインプリケーションを通じて，不祥事におけるクライシス・マネジメントへの示唆を与えている。1992年から2007年の15年間にわたる不祥事をサンプルとしたイベントスタディ調査の結果やケース・スタディを参考にしながら実務家が自社におけるクライシス・マネジメントへと応用することが期待される。

対策不備型の不祥事が起こった場合でも，規範逸脱行動に変化しないように，クライシスコミュニケーション等の不祥事対応を適切にマネジメントすることが求められるのである。本研究では，不祥事対応として，すみやかに再発防止策を公表し，それを徹底して行う姿勢を市場に対していかに見せるかという危機管理マネジメントへの示唆が用意されている。

第4節　課題と展望

本研究に残された主な課題は，次のようなものである。

第一に，本研究では不祥事企業についてイベントスタディ法による分析を行ったが，これらの分析方法にも課題が残る。まずはデータの取得の問題である。研究に使用した企業不祥事に関するサンプルデータは，1992年以降のすべての不祥事企業のデータを収集できているわけではない。例えば1995年の大和銀行ニューヨーク支店による巨額損失事件，2002年の雪印食品によるBSE国産牛肉偽装事件，2004年の西武鉄道による有価証券報告書虚偽記載事件など，世の中に大きなインパクトを与えた不祥事であるにもかかわらず本研究ではデータの取得ができなかった。これらの大きな不祥事がサンプルに入っていれば違った結果をもたらした可能性があることは否めない。データの取得方法については今後の課題である。

また，本研究は市場の評価の変動に着目してイベントスタディ分析を行ったが，イベントスタディによる分析に加えて，株主資本構成や企業規模等の財務データをクロスセクショナルに分析することで，別の新しい分析的知見を得ることが可能であろう。株主資本構成の違いや浮動株等の株式流通量の差異によ

り，株価パフォーマンスも変動するはずであり，更なる分析については今後の課題としたい。

　第二に，社会関係資本を測定する指標や評価に関する学術研究が不十分であることがあげられる。社会関係資本は企業経営だけにとどまらず，本来，コミュニティ，地域社会や自治体等の見えざる資本として，社会学，政治学，人類学，コミュニケーション論など幅広く研究されている。社会関係資本を測定しようとする試みは各研究領域における先行研究でも様々な方法で行われている。

　例えば，地域レベルにおける社会関係資本を測定する先行研究として，Putnam (1992) では，「スポーツクラブ，文化団体等の数」，「新聞購読率」，「国民投票の投票率」，「総選挙における優先投票（政党ではなく政党リストの特定候補に投票）の利用率」という4つの指標を合成して，イタリア20州の「市民共同体」指数を算定し，社会関係資本を測定している。また，Putnam (2000) では，「1．コミュニティ組織生活」「2．公的問題への参加」「3．コミュニティボランティア活動」「4．インフォーマルな社交性」「5．社会的信頼」という5分野に渡る14個の指標を合成して，全米各州の総合社会関係資本指数を算定している。このように同じPatnamでも社会関係資本の評価指標にこれだけの違いがあり，その他にも地域レベルにおける社会関係資本の評価には様々な指標が存在する。

　また，企業経営レベルに関する社会関係資本については，戦略的組織論の分野で，特に企業間関係や企業間ネットワークに関する内容には多くの先行研究が散見されるが，社会関係資本の市場評価に関する研究の蓄積は見当たらないのが現状である。そもそも社会関係資本が社会学から発展してきた概念であり，優れた研究は既にあるものの経営学研究に組み込むためには，様々な経営現象に当てはめて議論を行う必要がある。

　社会関係資本に関する研究も様々な視点から議論され，研究蓄積されることが必要であろう。これまで社会関係資本に関する研究は，主に地域コミュニティに関する内容が中心であり，主流派である。主流派の研究者からは，本研究の議論は，やや社会関係資本の信頼的側面に寄りすぎているとの意見もあるだろう。また，社会関係資本の概念を，企業を中心としたものに援用するのは無

理があるとの批判もあることは想像に難くない。建設的な批判は積極的に受け入れ，一層研究を進める必要がある。社会関係資本の概念自体は，企業が永続的に営まれるためには，極めて重要な概念であると信じてやまない。これまでは当たり前すぎて経営学的な領域ではあまり注目されることがなかったように思う。本研究においても，社会関係資本に関する可能な限り学際的な知見を総動員するよう務めたが，この領域を経営学研究で取り扱って行くためには，今後の実証研究や事例研究の蓄積と理論研究の展開が求められるであろう。

また，本研究は，社会関係資本の市場の評価という観点からの研究であるが，企業不祥事のイベントスタディを中心に分析を行っており，クライシス・マネジメントの観点から社会関係資本を議論してきた。企業不祥事のような市場のマイナス面の評価に関する測定ばかりではなく，社会関係資本を蓄積することで市場がプラスの値を示すような評価軸を検討することも必要である。

本研究は，切り口として企業不祥事を事例にしているという点で，プラスの面での市場の評価軸を検討できない点においては研究の限界がある。企業レベルでの社会関係資本に関する研究は，様々な研究者により着手されはじめた黎明期であり，すべてが手探り状態であろう。社会関係資本に関する更なる研究蓄積がこの課題を克服するはずである。

実務の世界においては，社会的規範に沿って行動してステークホルダーからの信頼を獲得し，取引先や顧客等とのネットワークを拡充することは企業の基本であろう。それらは企業における社会関係資本を充実させる活動であるといってよいであろう。しかしながら，これらの企業の基本を忘れてしまい，いつの間にか社会的な規範を逸脱してしまうことが不祥事につながるのである。市場は企業の基本姿勢を上場企業として適性に評価するのである。

最後に，本研究が，クライシス・マネジメント分野における実務および研究に寄与し，企業資本における社会関係資本に関する研究を活発化させる契機になればと願ってやまない。

参考文献

Akerlof, G.A. (1970), "The market for 'Lemons': Quality Uncertainty and the market Mechanism," *Quarterly Journal of Economics*, 84,3., 1970, pp. 488-500.

Andaleeb, S.S. (1992), "The Trust Concept: Reserch Issues for Channels of Distridution," *Research in Marketing*, 11, pp. 1-34.

Aaker, D. A. (1991), *Managing Branding Equity: Capitalizing on the Value of Brand Name*, Free Press.(邦訳:陶山計介, 中田善啓, 尾崎久仁博, 小林哲訳『ブランド・エクイティ戦略―競争優位をつくりだす名前, シンボル, スローガン』ダイヤモンド社, 1994)

Argenti P. & Forman, J. (2002), *The power of Corporate Communication*, The McGraw-Hill Companies, Inc.(邦訳:矢野充彦監訳『コーポレート・コミュニケーションの時代』日本評論社, 2004)

Arrow, K. (1969), The Organization of Economic Activity: Issue Pertinent to the Choice of Market versus Nonmarket Allocation, *The Analysis and Evaluation of Public Expenditure: The PPB System.* pp. 47-63.

Arrow, K. (2000), 'Observations on Social Capital', in Dasgupta and Sarageldin, *Social Capital : A Multifaceted Perspective*, Washington D.C. : The World Bank.

Bachelier,L. (1900), *Theory of Speculation*, The Random Character of Stokc Market Prices, Massachusetts Institute of Technology Press, Cambrige, MA.

Baker, W. (2000), "*Achieving Success Through Social Capital*, University of Michigan Business School Management Series, Jossey-Bass.(邦訳:中島豊訳『ソーシャル・キャピタル～人と組織の間にある「見えざる資産」を活用する』ダイヤモンド社, 2001)

Barber, B.M. and M.N. Darrough (1996), "Product Relaiablity and Firm Value: The Experience of American and Japanese Automakers, 1973-1992," *Journal of Political Economy*, vol.104, pp. 1084-1099.

Barney, J. B. (2001), *Gaining And Sustaining Competitive Advantage, Second Edition*, Prentice-Hall.(邦訳:岡田正大訳『企業戦略論(上・中・下)』ダイヤモンド社, 2003)

Barney, J. B. (2001), Is sustained competitive Advantage still possible in the New Economy? Yes., *Harvard Business Review*.(邦訳:岡田正大, 久保恵美子訳「リソース・ベースト・ビュー」『DIAMONDハーバード・ビジネス・レビュー』, 26 (5), pp. 78-87, 2001)

Berle, A.A and G.C.Means, (1932), *The Modern Corporation and private property*, Macmillan,（邦訳：北島忠男訳（1958）『近代株式会社と私有財産』文眞堂）

Bourdieu, P. (1986),"The Forms of Capital," in John G. Richardson, ed., *Handbook of Theory and Research for the Sociology of Education*, Greenwood Press, pp.241-258

Brown, S.J. & Warner, J.B. (1985), Using daily stock returns: The case event studies, *Journal of Financial Economics*, 14, pp. 3-13.

Brouseau and Glachant (2002),"The Economics of contracts Theory and application", Cambridge University Press.

Buckley, M. R., Beu, D. S., Frink, D. D., Howard, J. L., Berkson, H., Mobbs, T. A., and Ferris, G. R. (2001), "Ethical issues in human resources systems," *Human Resource Management Review*, Vol.11, pp. 11-29.

Burt, R. S. (2001), "Structual Holes versus Network Closure as Social Capital," *Social Capital - Theory and research*, Ed. By Nan Lin, Karen Cook, and Ronald S. Burt, New York: Aldine de Gruyter.

Burt, Ronald S. (1992), *STRUCTURAL HOLES: The Social Structure of Competition*, Harverd University Press.（邦訳：安田雪訳『競争の社会的構造－構造的空隙の理論』新曜社, 2006）

Cambell, J.Y., A. W. Lo, and A. C. MacKinlay (1997), *The Econometrics of Financial Markets*, Princeton University Press.（邦訳：祝迫俊夫ほか『ファイナンスのための計量分析』共立出版, 2003）

Casson, M. (1997), *Information and Organization-A New Perspective on the Theory of the Firm*, Oxford University Press.（邦訳：手塚公登・井上正訳『情報と組織－新しい企業理論の展開－』アグネ承風社, 2002）

Child, John and David Faulkner (1998), *Strategies of Cooperation*. Oxford, England: Oxford University Press.

Coase, Ronald H. (1988) ,*The Firm, the Market and the Law*, University of Chicago Press,（邦訳：宮沢健一・後藤 晃・藤垣芳文訳『企業・市場・法』東洋経済新報社, 1992）

Coleman, J. S.(1988), Social Capital in the Creation of Human Capital, *The American Journal of Sociology*, Vol.94, Supplement, pp.S95-S120（金光淳訳「人的資本の形成における社会関係資本」『リーディングスネットワーク論－家族・コミュニティ・社会関係資本－』頸草書房, 2006, pp. 205-241）

COSO: The Committee of Sponsoring Organizations of the Tredway Commission

(1994), *Internal Control-Integrated Framework*. (邦訳：鳥羽至英・八田進二・高田敏文訳『内部統制の統合的枠組み－理論編』白桃書房, 1996)

Cowles, A. (1933), Can Stock Market Forecasters Forecast?, *Econometrica*, 1, pp. 309-324.

Dahlman, C. J.(1979), The Problem of Externality, *Journal of Law and Economics*, 22.

Davidson Ⅲ, W. N., D.L. Worrell, and C.I.Lee (1994), Stock Market Reactions to Announced Corporate Illegalities, *Journal of Business Ethics*, 13 (12), pp. 979-987.

Drucker, P. F.(1993), *Post-Capitalist Society*, HarperBusiness.(邦訳：上田惇生訳『ポスト資本主義社会』ダイヤモンド社, 2007)

Edvinsson,L. and Malone,M.S. (1997), *Intellectual Capital*, Harper Collins Publishers (高橋透訳『インテレクチャル・キャピタル』1999 日本能率協会マネジメントセンター)

European Commission (2003), *The PRISM Report*

Fama, E. F. (1970), "Efficient capital markets: A review of theory and empirical work", *Journal of Finance*, pp. 383-417.

Fombrun, C. J. & Van Riel, C. B. M. (2004a), *The Roots of Fame*. (邦訳：「名声のルーツ」,『アドバタイジング』, 10, pp. 33-41, 2004)

Fombrun, C. J. & Van Riel, C. B. M. (2004b), *FAME & FORTUNE: How Successful Companies Build Winning Reputations*, Financial Times Pretic Hall. (邦訳：花堂靖仁監訳『コーポレート・レピュテーション』東洋経済新報社, 2005)

Freeman, R. E. (1984), *Strategic Management: A Stakeholder Appraoch*, Pitman

Garber, S. and J. Adams (1998), "Product and Stock Market Responses to Automotive Product Liability Verdicts," *Brookings Papers on Economic Activity: Microeconomics*, pp. 1-44.

Gawer, A. and M. A., Cusumano (2002), *Platform Leadership*, Harverd Business school Presss.

Granovetter, Mark S. (1973), The Strength of Weak Ties, *American Journal of Sociology*, 78: pp.1360-1380. (大岡栄美訳「弱い紐帯の強さ」『リーディングスネットワーク論－家族・コミュニティ・社会関係資本－』勁草書房 ,2006, pp. 123-154)

Hanifan,L.J. (1916), The Rural School Community Center, *The Annals of the American Academy of Political and Social Science*, vol.67.

Hannington, T. (2004), *How to Measure and Manage Your Corporate Reputation*, Gower Publishing Limited. (邦訳：櫻井道晴・伊藤和憲・大柳康司監訳『コーポレ

ート・レピュテーション 測定と管理』ダイヤモンド社, 2005)

Hardin, G (1968), The Tragedy of the commons, *Science* 162, pp. 1243-1248.

Heinrich, H.W., (1931), *Industrial Accident Prevention, A Scientifc Approach*, McGrraw-Hill.

Hayek, F.A. (1964), "The Use of Knowledge in Society," *The American Economic Review*, XXXV, No.4, September, pp. 519-530. (邦訳:田中真晴・田中秀夫編訳「社会における知識の利用」『市場・知識・自由-自由主義の経済思想-』ミネルヴァ書房, pp.52-76, 1986)

Hoffer, G.E., S.W. Pruitt, and R.J. Reilly (1988), "The Impact of Product Recalls on the Wealth of Sellers: A Reexamination," *Journal of Political Economy*, vol. 96, pp. 663-670.

Jacobs, J. (1965), *The Death and Life of Great American Cities*, Penguin.(First published by Randomhouse 1961)

Jarillo, J. C. (1988), "On Strategic networks," *Strategic Management journal*, 9, pp. 31-41.

Jarrell, G. and S. Peltziman (1985), "The Impact of Product Recalls on the wealth of Sellers," *Journal of Political Economy*, vol.93, pp. 512-536.

Jensen, M. C. and Meckling,W. H. (1976), Theory of the Firm: Managerial Behavior, Agency Costs and Ownership Structure, *Journal of Financial Economics* 3: pp. 305-360.

Jones, G. R. (1983), Transaction Costs, Property Rights, and Organizational Culture: An Exchange Perspective, *Administrative Science Quarterly*, vol.28.

Robrts, J. (2004), *The modern Firm: Organizatational Design for Performance and Growth*, Oxford University Press (邦訳:谷口和弘訳『現代企業の組織デザイン』NTT 出版, 2005)

Joskow, P. L. (1985), Vertical Integration and Long-Term Contracts, *Journal of Law, Economics and organization*, 1, Spring

Karpoff, J. M. and Lott, J.R. (1993), "The Reputational Penalty Firms Bear from Committing Criminal Fraud", *Journal of Law & Economics*, vol.36, 1993, pp. 752-802.

K.G. pelapu, Paul M. Healy, and Victor L. Bernard (2000), *Business Analysis & valuation: Using Financial Statements Second Edition*, South-Western College Publishing. (邦訳:齋藤静樹『企業分析入門〔第 2 版〕』東京大学出版会, 2001)

Kotler,P., Keller, K.L. (2006), *Marketing management*, 12th Edition, Prence-Hall. (邦

訳:『コトラー&ケラーのマーケティング・マネジメント』ピアソン・エデュケーション, 2008)

Lev, B. (2001), *INTNIGIBLES: Management, Measurement, and Reporting*, The Brookings Institution. (邦訳:広瀬義州, 桜井勝久監訳 (2002)『ブランドの経営と会計』東洋経済新報社)

Loury, G. (1977), A Dynamic Theory of Racial Income Differences, in Phyllis Wallance and Annette LaMond eds., *Women, Minorities, and Employment Discrimination*, Lexington:Lexington Books.

Luhmann, N.(1973), *Vertrauen: ein mechanismus der reduktion sozialer komplexität*, F. Enke. (邦訳:大庭健・正村俊之訳『信頼-社会的な複雑性の縮減メカニズム-』勁草書房, 1990)

MacCrimmon K. R., and Wehung, D. A. (1986), *Talking Risk: the Management of University*. Free Press.

Markeil, B. (1992), *Efficient Market Hypothesis*, New Palgrave Dictionary of Money and Finance, Macmillan, London.

Blair, M. M.and Kochan, T. A. eds. (2000), *The New Relationship*, Brookings Institution Press.

MERITUM (2002), *Guidelines for Managing and Reporting on Intangible*.

Porter, Michel E. (1980),*Competitive Strategy*, Free Press. (邦訳:土岐坤, 中辻萬治, 服部照夫訳『[新訂] 競争の戦略』ダイヤモンド社,1995)

Porter, Michel E. (1985), *Competitive Advantage*, The Free Press. (邦訳:土岐坤・中辻萬治・小野寺武夫訳『競争優位の戦略』ダイヤモンド社, 1985)

Porter, Michel E. (2001), Strategy and the internet, *Harvard Business Review*. (邦訳:藤川佳則監訳, 沢崎冬日訳「戦略の本質は変わらない」『DIAMONDハーバード・ビジネス・レビュー』26 (5), pp.52-77, 2001)

Milgrom, P. and Roberts, J. (1992), Economics, Organization and Management, Englewood Cliffs, New Jersey 07632:Prentice-Hall. (邦訳:奥野正寛・伊藤秀史・今井晴雄・西村理・八木甫『組織の経済学』NTT出版, 1997)

Michiell, M. and Netter, J. (1994), The Role of Finacial Economics in Securities Fraud Case: Applications at the Securities and Exchange Commission, *The Business Lawyer*, 49, pp.545-590.

Mitroff, I, I. with Anagnos, G.(2001), *MANAGING CRISES BEFORE THEY HAPPEN: What Every Executive and Manager Needs to Know About Crisis*

Management, AMACOM. (邦訳：上野正安・大貫功雄訳『危機を避けられない時代のクライシス・マネジメント』徳間書店, 2001)

National Reserch Coucil (1989), *Improving risk communication.* Washigton, DC: National Acadmy Press.

OECD (2001), *The New Economy: Beyond the Hype The OECD Growth Project.*

Roberts, J. (2004), *The modern Firm: Organizatational Design for Performance and Growth,* Oxford University Press. (邦訳：谷口和弘訳『現代企業の組織デザイン』NTT 出版, 2005)

Roberts, S. (1967), Statistical versus Clinical Prediction of the Stokc Market, *unpublished manuscript, Center for Research in Security Prices, University of Cicago, May.*

Prince, D.W. and P.H. Rubin (2002), "The Effects of Product Liability Litigation on the Value of Firms," *American Law and Economic Review,* vol.4, pp. 44-48.

Putnam, R. (1993), *Making Democracy Work; Civic Tradition in Modern Italy,* Princeton University Press. (河田潤一訳『哲学する民主主義－伝統と改革の市民構造』2001, NTT 出版)

Putnam, R. (2000), *Bowling Alone: The Collapse and Revival of American Community,* Simon & schuster. (邦訳：柴内康文訳『孤独なボウリング－米国コミュニティの崩壊と再生－』2006, 柏書房)

Sako, M. (1991), The role of 'Trust' in Japanese Buyer-supplier Relationships, *Ricerche economiche,* xlv, 2-3: pp.449-474. (酒向真理「日本のサプライヤー関係における信頼の役割」藤本隆宏・西口敏宏・伊藤秀史編『リーディングス　サプライヤー・システム：新しい企業間関係を創る』pp. 91-118, 有斐閣, 1998)

Sako, M., and S. Helper (1998), "Determinats of trust on supplier relations: Evidence from the automotive industry in Japan and the Unaited Staes," *Journal of Economic behavior & Organization,* 34, pp. 387-417.

Samuelson, P. (1965), Proof that Property Anticipated Prices Flictuate Randomly, *Industrial Management Review,* 6, pp. 41-49.

Scott M. Cutlip, Allen H. Center, Gllen M. Broom (2005), *Effective Public Relations 9th ed.,* Prentice Hall.

Selbst, P. (1978), The "Containment and Control of Organizational Crisis" in Sutherland, J. (ed.), *Management Handbook for Public Administration,* New Yor, Van Nostanad.

Stewart, T.A. (2001), *The Wealth of Knowledge-Intellectual Capital and Twenty-First Century Organization*, Doubleday.（徳岡晃一郎監訳『知識構築企業』2004, ランダムハウス講談社）

Sullivan, T.A. (2000), *Value-Driven Intellectual Capital: How to Convert Intangible Corporate Assets into Market Value*, John Wiley.（森田松太郎監修『知的経営の真髄』2002, 東洋経済新報社）

Copeland, T., Koller, T., Murrin, J. (2000), *VALUATION-Measuring and Managing the value of companies*, 3rd Edition, McKinsey & Company,Inc.（邦題：マッキンゼー・コーポレート・ファイナンス・グループ訳『企業価値評価』ダイヤモンド社, 2002）

Ulrich, D. and Norm Smallwood (2003), *Why The Bottom Line Isn't!*; John Wieley & Sons, Inc.,（邦訳：伊藤邦雄訳『インタンジブル経営―競争優位をもたらす「見えざる資産」構築法―』ランダムハウス講談社, 2004）

Watkins, M.D. & Bazerman, M.H. (2003), Predictable Surprise: The Disasters you should have seen coming, *Harvard Business Review*,（邦訳：西尚久訳「ビジネス危機は予見できる」『ダイヤモンド・ハーバードビジネスレビュー』ダイヤモンド社, 2003, pp. 64-75）

Woolcock, M. (1998), "Social capital and economic deveropment: toward a theoretical synthsis and policy framework", *Theory and Society*, vol.27, pp. 151-208

Woolcock, M. (2000), *The place of social capital in understanding social and economic outcomes*, The World Bank.

Williamson, Oliver E. (1985), *The Economic Institutions of Capitalism*, The Free Press.

Wiedmann, K.P., and Hennigs N. (2006), Corporate Social Capital and Corporate Reputations, *10th RI Conference on Reputation, Image, Identity & Competitiveness, discussion paper.*

Wright, P.M., B.B. Dunford, and S.A. Shell, "Human Resources and the Resource-based View of the Firm," *Journal of Management*, Vol.27, 2001, pp. 701-721.

Lin, N. (2001), *Social Capital-A Theory of social Structure and Action*, Cambridge University Press.

Zaheer, A., and N.Venkatraman (1995), "Relational governance as inter-organizational strategy: An empirical test of the role of trust in economic exchange," *Strategic management Journal*, 16, pp. 373-392.

青木昌彦（1989），『日本企業の組織と情報』東洋経済新報社
明石吉彦（1993），「取引費用理論と産業組織：論理構造の検討」『季刊経済研究』
　　vol.15, No.4, 大阪市立大学, pp. 1-25
荒井一博（2006），『信頼と自由』勁草書房
朝日監査法人（2003），『知的財産マネジメント』東洋経済新報社
石塚浩（2006），「知識創造における社会関係資本の役割」『情報学ジャーナル』vol.1,
　　文教大学, pp. 1-13
石塚浩（2007），「社会関係資本と信頼概念」『情報研究』36号, 文教大学, pp. 17-27
伊丹敬之（2001），「戦略のダイナミズムを実現する見えざる資産の競争力」
　　『DIAMONDハーバード・ビジネス・レビュー』26 (7), pp. 62-72
伊丹敬之・軽部大（2004），『見えざる資産の戦略と論理』日本経済新聞社
伊丹敬之（2005），『場の理論とマネジメント』東洋経済新報社
伊藤邦雄（2001），「インタンジブル経営への挑戦」『DIAMONDハーバード・ビジネ
　　ス・レビュー』26 (7), pp. 74-85
伊藤邦雄（2004），「無形資産会計の論点」『会計』165 (5), pp. 1-18
伊藤直哉（2002），「雪印乳業食中毒事件－危機管理広報ケース分析資料」『大学院国
　　際広報メディア研究科・言語文化部紀要』第41号, 北海道大学, pp. 7-38
稲葉陽二（2007），『ソーシャル・キャピタル－「信頼の絆」で解く現代経済・社会の
　　諸課題』生産性出版
稲葉陽二・松山健士編（2002），『日本経済と信頼の経済学』東洋経済新報社
今井賢一（1984），『情報ネットワーク社会』岩波新書
大泉光一（1993），『クライシス・マネジメント－危機管理の理論と実践』同文社
大柳康司（2006），「コーポレート・レピュテーションの重要性とその効果」『企業会計』
　　Vol.58, No.8, pp. 44-52
岡田依里（2003a），『企業評価と知的資産（改訂版）』税務経理協会
岡田依里（2003b），『知財戦略経営』日本経済新聞社
岡田依里（2004a），「知識経営としてのIR」『企業価値向上のためのIR経営戦略』
　　東洋経済新報社, pp. 312-328
岡田依里（2004b），「知的財産と企業評価―企業の変革能力との関係で―」『証券アナ
　　リストジャーナル』, pp. 35-44
岡田依里（2004c），「非財務情報としての無形資産と企業評価」『会計』165 (5), 森山
　　書店, pp. 34-43
奥村宏（2005），『会社はなぜ事件を繰り返すのか－検証・戦後会社史』NTT出版

小佐野広，堀敬一（2006），「企業不祥事と株価パフォーマンス」Research Paper, No. 05006, 立命館大学ファイナンス研究センター

加賀谷哲之（2003），「無形資産の開示とIR」『一橋ビジネスレビュー』東洋経済新報社，51巻3号，pp. 86-101

金光淳（2003），『社会ネットワーク分析の基礎－社会的関係資本論にむけて－』勁草書房

刈屋武昭（2005），「無形資産の理解の枠組みと情報開示問題」『RIETI Discussion Paper Series』経済産業研究所，http://www.rieti.go.jp/jp/publications/act_dp2005.html

亀川雅人（1993），『企業資本と利潤－企業理論の財務的接近－』中央経済社

亀川雅人（1996），『日本型企業金融システム－日本的経営の深淵－』学文社

亀川雅人（2002a），『入門　経営財務』新世社

亀川雅人（2002b），「企業資本の測定―契約理論と資本価値―」『立教経済学研究』第56巻第1号，pp. 21-35

亀川雅人（2003），「資本コストの役割再考―コーポレート・ファイナンスの契約理論的位置づけ―」『立教経済学研究』第57巻第1号，pp. 21-35

亀川雅人（2004），「競争的な企業の価値とビジネスクリエーター」『ビジネスクリエーターと企業価値』創成社

亀川雅人・高岡美佳・山中伸彦（2004），『入門　現代企業論』新世社

亀川雅人（2006），『資本と知識と経営者－虚構から現実へ－』創成社

亀川雅人（2008），「知的資本の評価に関する一考察」『立教ビジネスレビュー』創刊号，立教大学，pp. 114-126

河路武志（2005），「個人情報漏洩事件に対する株式市場の反応」『日本管理会計学会2005年度第1回リサーチセミナー』ディスカッションペーパー

川中康弘・清水英夫・林伸郎（1974），『マス・コミュニケーション概論』学陽書房

川村雅彦（2005）「日本の『企業の社会的責任』の系譜（その2）」『ニッセイ基礎研レポート』ニッセイ基礎研究所

神戸伸輔（2004），『入門　ゲーム理論と情報の経済学』日本評論社

北見幸一（2004），「見えざる資産とコミュニケーション活動（第2章）」亀川雅人編著『ビジネスクリエーターと企業価値』創成社，pp. 33-65

北見幸一（2005a），「社会的責任と企業価値」『年報経営分析研究』第21号，日本経営分析学会，pp. 66-73

北見幸一（2005b），「見えざる資産のフレームワークと競争優位に関する一考察」『立

教ビジネスデザイン研究』第 2 号，pp. 59-72
北見幸一（2005c），「資金調達と戦略的情報開示（第 6 章）」亀川雅人編著『ビジネスクリエーターと企業統治』創成社，pp. 155-195
北見幸一（2005d），「レピュテーションマネジメントと PR－レピュテーションは第三者の事実情報から生まれる－」『宣伝会議』No.669, 宣伝会議，pp. 30-31
北見幸一（2006），「クライシスコミュニケーションと資本市場－レピュテーション低下の防御と相互理解のための広報－」『広報研究』第 10 号，日本広報学会，pp. 87-96
北見幸一（2007a），「CSR と企業不祥事（第 4 章）」亀川雅人・高岡美佳編著『CSR と企業経営』学文社，pp. 59-84
北見幸一（2007b），「企業資本の時系列的変容に関する一考察－企業価値を構成する資本概念の有形資本から無形資本への変容－」『経営行動研究年報』第 16 号，経営行動研究学会，pp. 89-93
北見幸一（2007c），「市場における企業の情報ディスクロージャーと非財務情報」『年報 経営ディスクロージャー研究』第 5 号，日本経営ディスクロージャー研究学会
北見幸一（2007d），「現代企業を取り巻くこれだけのリスク～調査データに見る企業不祥事の現実～」『宣伝会議』No.713, 宣伝会議，pp. 16-17
北見幸一（2008a），「コーポレート・レピュテーションと CSR－レピュテーションを高める CSR に向けて－」『国際広報メディア・観光学ジャーナル』No.6, 北海道大学，pp. 3-22
北見幸一（2008b），「クライシスコミュニケーション－近年の危機対応事例からの一考察－」『広報研究』第 12 号，日本広報学会
北見幸一（2008c），「企業不祥事における広告の役割～3 つの領域とコミュニケーション視点～」『宣伝会議』No.735, 宣伝会議，pp. 16-17
北見幸一（2009a），「企業における社会関係資本とパブリックリレーションズ－社会との関係構築による資本蓄積とパブリックリレーションズ定義の再考」『メディア・コミュニケーション研究』第 56 号，北海道大学，pp. 135-179
北見幸一（2009b），「不祥事で問われる企業の危機対応力」『週刊エコノミスト』2009.9.15 号，pp. 52-55
桑原和典（2005），「契約理論からのコーポレート・ガバナンス－経営者に対する規律づけを中心にして－」『三田商学研究』第 48 巻第 1 号，pp. 227-237
経済広報センター編（2000），『企業・団体の危機管理と広報』経済広報センター
経済産業省企業行動課（2007），『コーポレート・ガバナンスと内部統制～信頼される

経営のために~』財団法人経済産業調査会

駒橋恵子 (2004), 『報道の経済的影響―市場のゆらぎ増幅効果―』御茶の水書房

小室直樹 (2004), 『経済学をめぐる巨匠たち』ダイヤモンド社

古賀智敏 (2005), 『知的資産の会計』東洋経済新報社

国際協力事業団 (2002), 報告書「ソーシャル・キャピタルと国際協力-持続する成果を目指して」国際協力事業財団

坂野友昭・恩蔵直人 (1993), 「社名変更に対する株式市場の反応」『早稲田商学』第367号, pp. 77-106

咲川孝 (1998), 『組織文化とイノベーション』千倉書房

櫻井通晴 (2004), 「コーポレート・レピュテーションとは何か―ブランドとの違いとフレームワークワーク」『企業会計』2004 vol.56 No.12, 中央経済社, pp. 4-13

櫻井通晴 (2005), 『コーポレート・レピュテーション-「会社の評判」をマネジメントする-』中央経済社

櫻井道晴 (2008), 『レピュテーション・マネジメント-内部統制・管理会計・監査による評判の管理-』中央経済社

佐藤誠 (2003), 「社会資本とソーシャル・キャピタル」『立命館国際研究』16-1, pp. 1-30

産経新聞取材班 (2001), 『ブランドはなぜ堕ちたか-雪印, そごう, 三菱自動車　事件の深層』角川書店

白石和孝 (2003), 『イギリスの暖簾と無形資産の会計』税務経理協会

白須洋子・吉田靖 (2007), 「金融不祥事と市場の反応-上場保険会社に関するイベントスタディ-」『金融庁金融研究センター　ディスカッションペーパー』No.2007-5

須田一幸編著 (2004), 「ディスクロージャーの戦略と効果」森山書店

高岡伸行・谷口勇仁 (2003), 「ステイクホルダーモデルの脱構築」『日本経営学会誌』第9号, pp. 14-25

高岡伸行 (2006), 「企業の社会的責任論へのステイクホルダー論的アプローチ」松野弘・堀越芳明・合力知工編著『「企業の社会的責任論」の形成と展開』ミネルヴァ書房

高岡美佳編著 (2007), 『サスティナブル・ライフスタイルナビゲーション-ユビキタス技術による持続可能消費の最前線-』日科技連出版社

田中宏司 (1998), 『コンプライアンス経営』生産性出版

谷口和弘 (2006), 『企業の境界と組織アーキテクチャ-企業制度理論序説』NTT出版

知的財産研究所編 (2003), 「特許・技術情報のディスクロージャーについて」『知財

研紀要』pp.138-141

堂目卓生 (2008),『アダム・スミス-「道徳感情論」と「国富論」の世界』中公新書

十川廣國 (2005),『CSRの本質—企業と市場と社会』中央出版社

日本公認会計士協会国際委員会訳 (2001),『国際会計基準書』同文館出版

日本規格協会編 (2003),『JISQ2000: 2001 リスクマネジメントシステム構築のための指針』日本規格協会

農林中金総合研究所編 (2002),『協同で再生する地域と暮らし-豊かな仕事と人間復興』日本経済評論社

野中郁次郎・竹内弘高 (1996),『知識創造企業』東洋経済新報社

蜂谷豊彦 (2006),「第13章 企業固有の組織資本と補完性」『無形資産の会計』中央経済社, pp.403-425

フクヤマ, フランシス (1996), (加藤寛訳)『「信」無くば立たず』三笠書房

北海道新聞取材班 (2002),『検証・「雪印」崩壊-その時, 何がおこったか-』講談社

堀越芳明 (2006),「日本における企業の社会的責任論の生成と展開」, 松野弘・堀越芳明・合力知工編著『「企業の社会的責任論」の形成と展開』ミネルヴァ書房

延岡健太郎・真鍋誠司 (2000),「組織間学習における関係的信頼の役割:日本自動車産業の事例」『経済経営研究年報』第50号, 神戸大学, pp.125-144

前川寛 (2003),『リスクマネジメント』ダイヤモンド社

水尾順一 (2002),「経営倫理における自浄的な相談・通報制度の内部制度化」『日本経営学会誌』第8号, 日本経営学会

宮川公男 (2004),「第1章 ソーシャル・キャピタル論-歴史的背景, 理論および政策的含意-」宮川公男, 大守隆編『ソーシャル・キャピタル-現代経済社会のガバナンスの基礎』東洋経済新報社, pp.3-54

宮島英昭・原村健二・江南喜成 (2003),「戦後日本の株式所有構造-安定株主の形成と解体」『PRI Discussion Paper Series』No.03A-13, 財務省財務総合政策研究所

森本三男 (1994),『企業社会責任の経営学的研究』白桃書房

森本三男 (2004),「企業社会責任の論拠とステークホルダー・アプローチ」『創価経営論集』第28号第1・2・3・合併号, pp.1-14

柳川範之 (2000),『契約と組織の経済学』東洋経済新報社

藪下史郎 (2002),『非対称情報の経済学-スティグリッツと新しい経済学』光文社

山岸俊男 (1998),『信頼の構造-こころと社会の進化ゲーム-』東京大学出版会

山岸俊男 (1999),『安心社会から信頼社会へ-日本型システムの行方-』中公新書

吉川肇子 (1999),『リスク・コミュニケーション』福村出版

吉原英樹（1986），『戦略的企業革新』東洋経済新報社
若杉明（1975），「企業内容開示制度の展開」『會計』第107巻第3号，pp. 28-46
若林直樹（2002），「社会ネットワークと企業の信頼性－「埋め込み」アプローチの経済社会学的分析─」日本社会学会ディスカッションペーパー
和田充夫（1998），『関係性マーケティングの構図─マーケティング・アズ・コミュニケーション』有斐閣
渡辺俊輔（2002），『知的財産　戦略・評価・会計』東洋経済新報社
渡辺隆裕（2004），『ゲーム理論』ナツメ社

参考資料

経済産業省（2004），「通商白書」（2004年度版）
経済産業省ニュースリリース，「松下電器産業（株）の石油温風機に係る事故報告について（2007年12月5日）」http://www.meti.go.jp/press/20051205005/20051205005.html（2007年12月25日）
経済同友会（2003），『第15回企業白書』，経済同友会
経済同友会（2006），『企業の社会的責任（CSR）に関する経営者意識調査』経済同友会
厚生労働省生活衛生局（2000），『「雪印低脂肪乳」等による黄色ブドウ球菌食中毒の経緯』http://www.mhlw.go.jp/topics/0101/tp0119-2.html（2008年6月5日）
財団法人社会経済生産性本部生産性総合研究センター（2006），『企業と信頼－企業の公共への貢献に関する調査』
内閣府（2002），『経済財政報告書』（2002年度版）
内閣府（2005），『経済財政報告書』（2005年度版）
雪印乳業（2000），『雪印食中毒事故に関する原因調査結果報告』http://www.snowbrand.co.jp/report/documents/00122201.htm（2008年6月5日）
立教大学ビジネスクリエーター創出センターCSR研究会編（2006），『CSR（企業の社会的責任）に関する意識調査報告書』，立教大学
脇田眞（2006），「雪印CSR経営を目指して〜新生雪印のステークホルダーコミュニケーション〜」日本広報学会オピニオンショーケース発表資料
『PRIR』，2006年7月号，宣伝会議，2006
『AERA』，2000.9.18号，朝日新聞，pp. 30-33

新聞記事

『朝日新聞』2005 年 11 月 30 日朝刊
『朝日新聞』2005 年 4 月 21 日朝刊
『産経新聞』2005 年 12 月 10 日朝刊
『日本経済新聞』2000 年 8 月 6 日朝刊
『日本経済新聞』2005 年 12 月 10 日朝刊
『北海道新聞』2000 年 7 月 2 日朝刊
『北海道新聞』2000 年 7 月 4 日夕刊
『北海道新聞』2000 年 8 月 5 日朝刊
『北海道新聞』2003 年 12 月 9 日朝刊
『北海道新聞』2004 年 11 月 5 日朝刊
『北海道新聞』2004 年 11 月 17 日夕刊
『北海道新聞』2005 年 3 月 26 日朝刊
『北海道新聞』2006 年 10 月 20 日朝刊
『北海道新聞』2006 年 10 月 31 日朝刊
『北海道新聞』2006 年 11 月 8 日朝刊
『北海道新聞』2006 年 11 月 25 日朝刊
『毎日新聞』2005 年 4 月 21 日朝刊
『毎日新聞』2005 年 12 月 6 日朝刊
『読売新聞』2005 年 12 月 7 日夕刊

索　引

Aaker, D. A.　　52,53
Baker, W.　　15
Bourdieu, P.　　3
Coase, R. D.　　25,26
Edvinsson, L.　　34,40,42
Fombrun, C. J.　　54,55,64
Freeman, R. E.　　17,19
Granovetter, M. S.　　12,13
Hanifan, L. J.　　2
Hayek, F. A.　　27,60
Luhmann, N.　　6,10
Malone, M. S.　　34,40,42
Putnam, R.　　3,4,11,21
Stewart, T. A.　　36,42
Sullivan, T. A.　　36,37,40,42
Van Riel, C. B. M.　　54,55,64

あ　行

安心　　8
暗黙知　　16,41,42,45
暗黙的契約　　30,31,34
異常収益率　　73,80,132
一般的互酬性　　11-13,16,17
一般的信頼　　9-11,13
イベント・ウインドウ
　　79,87,93,132,137
イベントスタディ　　70,137
引責辞任　　91,125

か　行

価格メカニズム　　26
囲い込み戦略　　45
カスタマーエクイティ　　44
カテゴリー的信頼　　9
株価収益率　　72,79
株式の持ち合い　　63

環境汚染　　85
関係資産　　38
関係資本　　37
完備契約　　29,30
機会コスト　　10
危機管理　　91,104,124
企業価値評価　　24
企業間関係　　1
企業間ネットワーク　　1
企業評判　　51
企業倫理　　123
期待概念　　7,31
規範　　11-13,17,21,23-25,28,39-40
　──逸脱行動
　　74,75,85,91,93,99,100,124,146
キャッシュフロー
　　34,43,50,56,61,62,66
口コミ　　15,20,45
Good News　　70
クライシス・マネジメント　　66,100
クライシスコミュニケーション
　　104,139,140-142,146
クラブ財　　14-16,36,39,45
繰り返しゲーム　　22-24
経営者支配　　63
経営理念　　100
形式知　　16,41,42
契約の束　　29
結束型　　12,43,45
原因究明　　89,91
現在価値　　22,23
交換経済　　32-34
交換取引　　28
公共財　　6,14,15
構造資本　　37
構造的資本　　36

行動規範　27
行動情報
　　42-45,56,58,59,64-67,72-75,85,91,93,
　　125,134
効率性　28,31
　——市場仮説　61,72
顧客資本　35-37
互酬性　5,11
個別的信頼　9
コーポレート・ブランド　39,54
コーポレート・レピュテーション　51
コモンズの悲劇　21
コンプライアンス　56,123
　——違反　73

さ 行

再発防止策　89,91,118,125
CSR　38,56
事実情報　111,112,124,125
私的財　13-16,20,45
資本コスト　24
資本ストック　1
社会関係資本
　　3,4,13,25,32,34,38,40,42,44,45,50,51,64,6
　　6,67,72,99,123,125,146,152,155
社会的規範　73,125
社会的知性　10,11,13
社会的不確実性　8,10,13
謝罪　89,91
囚人のジレンマ　21-24
情報依存的信頼　10
情報の非対称性　29,31,43,61,63
人格の信頼　9
人的資本　25,36,37,40,41,64
信頼
　　6,8,11-13,21,25,27,28,31,33,35,36,38,
　　39,42,73,124,125
ステークホルダー
　　16-20,30,38,39,42,51,53,57-59,67,75,
　　111,112

ストック　16
　——概念　55
SECIモデル　27
製造物責任　73,85
製品ブランド　54
属性情報　42,43,56,65,67,74
組織資本　35
組織知　42
組織無形資産　38

た 行

対策不備　74,91,99,124,146
知識創造経営　1
知的財産　40
知的資本　2,34,36,40,42,45,67,68
特定的互酬性　11
特許訴訟　85
特許問題　73
トリガー戦略　23,24
取引コスト
　　25-28,31,34,43,45,50,52,60

な 行

ナッシュ均衡　22,24
日経平均株価　80
人間関係の信頼　8
ネットワーク　11-13,21,25,28,40,45
暖簾　39,44,56,67

は 行

橋渡し型　13,15,43,45
Bad News　70
バブル崩壊　63
PR　33
　——活動　56,58,63,64
非財務情報　63
ヒューマンエラー　124
評価情報　52,57
評判　10-12,15,23-25,51,67
　——の情報提供的役割　52

索 引

——の統制的役割　52
不完備契約　29,30,31
　——関係　31
ブランド　38,44,50-52,55,56,67
　——・エクイティ　52,53
　——資本　104,152
フロー概念　55
プロモーション　33,52
法規範　73
法令遵守　85
ホリスティックマーケティング　44

ま 行

マーケット・ポートフォリオ　80
マーケット・モデル　79,132,137
マーケティング
　　15,16,20,37,44,45,50,52,56
松下電器産業株式会社　102,128

民主主義　3,28
無形資本　44,45,51,56,63

や 行

雪印乳業株式会社　102
弱い紐帯　13
4P　44

ら 行

リコール　132,134,137
累積異常収益率　132
レピュテーション
　　50-52,55-57,64,65,67,72,111,113,114,
　　117,123,131

わ 行

割引率　22-25

著者紹介

北見 幸一（きたみ・こういち）

北海道大学大学院メディア・コミュニケーション研究院　准教授
博士（経営学）

（略歴）
1972年生まれ。
1997年　株式会社電通パブリックリレーションズ入社
2007年　株式会社電通パブリックリレーションズ退社
2007年　北海道大学大学院メディア・コミュニケーション研究院　助教
2009年　立教大学大学院経済学研究科経営学専攻博士後期課程修了
　　　　博士（経営学）取得
2009年　北海道大学大学院メディア・コミュニケーション研究院　准教授
　　　　現在に至る
　　　　専門は経営学を中心に，ブランド戦略論，企業評価論，広報論，
　　　　マーケティング戦略論，地域振興論。

主要著書
（共同執筆書）
『ビジネスクリエーターと企業価値』（亀川雅人編著）創成社，2004年
（第2章担当）
『ビジネスクリエーターと企業統治』（亀川雅人編著）創成社，2005年
（第6章担当）
『CSRと企業経営』（亀川雅人・高岡美佳編著）学文社，2007年
（第4章担当）

企業社会関係資本と市場評価
──不祥事企業分析アプローチ──

2010年2月20日　第1版第1刷発行

著　者　北見　幸一
発行所　株式会社　学文社
発行者　田中　千津子

〒153-0064　東京都目黒区下目黒3-6-1
Tel.03-3715-1501　Fax.03-3715-2012
http://www.gakubunsha.com

ISBN978-4-7620-2013-1

Ⓒ 2010　KITAMI Koichi Printed in Japan
乱丁・落丁本は，本社にてお取替致します。
定価は，カバー，売上カードに表示してあります。〈検印省略〉　印刷／新灯印刷